मोमिन

लोकप्रिय शायर और उनकी शायरी

मोमिन

संपादक : धर्मपाल गुप्त 'शलभ'

मोमिन की जीवनी और उनकी बेहतरीन
ग़ज़लें और शे'र

राजपाल

यह पुस्तक सर्वप्रथम 1961 में
राजपाल एण्ड सन्ज़ से प्रकाशित हुई थी।

ISBN : 9789389373318

प्रथम पेपरबैक संस्करण : 2020

© राजपाल एण्ड सन्ज़

LOKPRIYA SHAYAR AUR UNKI SHAYARI
MOMIN (Life-Sketch & Poetry)

Editor : Dharampal Gupt 'Shalabh'

राजपाल एण्ड सन्ज़
1590, मदरसा रोड, कश्मीरी गेट, दिल्ली–110006
फ़ोन : 011–23869812, 23865483, 23867791
e-mail : sales@rajpalpublishing.com
www.rajpalpublishing.com
www.facebook.com/rajpalandsons

क्रम

अपने अन्दाज़ की भी एक ग़ज़ल पढ़ 'मोमिन'
आख़िर इस बज़्म में कोई तो सुख़न-दां होगा

जीवनी

उर्दू काव्य-जगत् के इस सुप्रसिद्ध कवि का जन्म आज से 165 वर्ष पूर्व सन् 1797 ई. में दिल्ली के सम्भ्रांत हकीम परिवार में हुआ। आपके पिता का नाम हकीम ग़ुलामनबी खाँ था। आपके दादा हकीम नामदार खाँ और उनके भाई हकीम कामदार खाँ, मुग़ल साम्राज्य के अन्तिम काल में शाही चिकित्सकों के रूप में राज-दरबार में प्रविष्ट हुए थे। यह वह काल था जब तैमूरी शासन का दीपक टिमटिमा रहा था। शाह आलम की सरकार ने दोनों हकीमों को परगना नारनौल में जागीर दी। आगे चलकर नवाब फ़ैज़ तलब खाँ ने उनकी जागीर ज़ब्त करके, हकीम नामदार खाँ के उत्तराधिकारियों की 1000 रुपये वार्षिक वित्तीय सहायता नियत कर दी। जिस समय मुग़ल साम्राज्य के उपवन में पतझड़ का प्रवेश हो चुका था, उर्दू काव्य अपने यौवन का बसन्त मना रहा था। ऐसे ही समय में 'मोमिन' का जन्म हुआ। जब आप उत्पन्न हुए तो आपके कानों में 'अज़ान' दी गई तथा आपका नाम मोहम्मद मोमिन रखा गया। बड़े होने पर आपने अपना उपनाम 'मोमिन' रखा और इसी से लोकप्रिय हुए।

'मोमिन' अरबी और फ़ारसी भाषा पर पूर्ण अधिकार रखते थे। आपने अपने पिता और चाचा से यूनानी चिकित्सा-शास्त्र पढ़ा और काफ़ी समय तक एक योग्य चिकित्सक के रूप में कार्य किया। नजूम (ज्योतिष) का अध्ययन भी आपने बहुत गहराई से किया था तथा इस क्षेत्र में काफ़ी नाम भी कमाया। खेलों में शतरंज आपका प्रिय खेल था। दिल्ली में आप इस खेल के श्रेष्ठ खिलाड़ी माने जाते थे और अपने समकालीन चतुर खिलाड़ी मौलाना फ़ज़ल हक़ को निरन्तर पराजय पर पराजय देते थे। एक बार मिर्ज़ा 'ग़ालिब' ने मौलाना से 'मोमिन' की विजय का रहस्य पूछा तो उन्होंने कहा—

''मोमिन वह भेड़िया है जिसे अपनी शक्ति का अनुमान नहीं। यदि वह

प्रणय और आसक्ति की कथाओं का परित्याग कर, विद्या एवं बुद्धि की बातों में पड़ता तो उसकी विद्वत्ता और ज्ञान की वास्तविकता अधिक प्रकट होती।''

आपको संगीत से बड़ा लगाव था। बड़े-बड़े संगीताचार्यों का आपके यहाँ जमघट लगा रहता। आपकी स्वर-लहरी और 'तरन्नुम' की सर्वत्र सराहना होती थी। 'मोमिन' की मृत्यु के पश्चात् उस समय के प्रसिद्ध वीणा-वादक नज़ीर ने यह कहकर अपनी वीणा को सदैव के लिए उठाकर रख दिया था कि अब दिल्ली में इसका कोई क़द्रदान नहीं रहा।

आपने चिकित्सा-कार्य और काव्य को कभी जीविकोपार्जन का साधन नहीं बनाया। जो वित्तीय सहायता 'पेन्शन' के रूप में हकीम नामदार ख़ाँ के उत्तराधिकारियों को प्राप्त होती थी, उसका भाग आपको भी मिलता था। इसके अतिरिक्त अंग्रेज़ सरकार भी आपकी सहायता करती थी। आपका जीवन काफ़ी सजावपूर्ण था। शृंगार, प्रणय और काव्य—यही आपके जीवन के आधार थे। आपके रहन-सहन के रईसाना ढंग, रंग-रूप और वेशभूषा का सजीव चित्रण निम्न प्रकार है—

''हकीम आग़ाजान के छत्ते के सामने 'मोमिन' का मकान था। अन्दर बहुत बड़ा दालान और उसके चारों ओर इमारत थी। दालानों में चाँदनी का फ़र्श था। अन्दर के दालान के मध्य में क़ालीन बिछा रहता और उस पर गाव-तकिया लगाए 'मोमिन' बैठे रहते। सामने हकीम सुखानन्द 'रक़म' और मिर्ज़ा रहीम उद्दीन 'हया' पतित-जन्हु बैठते थे। ऐसा लगता था जैसे कोई दरबार लगा हो कि किसी को आँख उठाकर देखने और अनावश्यक रूप से बोलने का अधिकार नहीं।

'मोमिन' की आँखें बड़ी-बड़ी, पलकें लम्बी और होंठ पतले थे जिन पर पान का लाखा जमा रहता था। मिस्सी लगे हुए दाँत, हल्की मूँछें, सुन्दर दाढ़ी, मांसल भुजायें और चौड़े सीने वाले 'मोमिन' काफ़ी आकर्षक लगते थे। सिर पर घुँघराले बाल थे जो पीठ और कन्धों पर बिखरे रहते थे। आप कानों के निकट थोड़े से बालों को मोड़कर 'जुल्फ़ें' बना लिया करते थे। 'मोमिन' का परिधान भी काफ़ी सजीला था। शरीर पर शर्बती मलमल का नीची चोली का अंगरखा रहता किन्तु उसके अन्दर कुर्ता नहीं पहनते थे जिस

कारण शरीर का कुछ भाग खुला दिखाई देता था। आप अपने गले में काले रंग के धागे में बँधा हुआ सुनहरी तावीज़ बाँधते थे। आपका पाजामा लाल गुलबदन कपड़े का होता था जो मोहरियों पर से तंग रहता और ऊपर जाकर तनिक ढीला। यह रेशमी और मूल्यवान होता था। सिर पर गुलशन की दुपल्लू टोपी, जिसके किनारों पर बारीक लेस लगी होती, पहनते थे।

'मोमिन' जहाँ शृंगारिक थे, वहाँ स्वाभिमानी और ख़ुद्दार भी थे। किसी से कुछ माँगना और किसी का एहसान लेना उनके स्वभाव के प्रतिकूल था। आपने उर्दू और फ़ारसी में क़सीदे (व्यक्ति-विशेष की प्रशंसा में लिखी जाने वाली कविता) अवश्य लिखे, किन्तु वह सब हम्द, नात और मन्क़बत (ईश्वर और धार्मिक पेशवाओं की शान में लिखी जाने वाली कविता) के ही रूप में हैं, किसी राजा या नवाब की तारीफ़ में नहीं। अपनी इसी स्वतन्त्र और स्वाभिमानी तबियत के फलस्वरूप आपने रामपुर, टोंक, भोपाल, जहाँगीराबाद और कपूरथला राज्यों के निमन्त्रण अस्वीकार करके नौकरी के लालच को ठुकरा दिया। उस काल के अंग्रेज़ पदाधिकारी सर टामसन ने बहुत चाहा कि उन्हें शिक्षा-विभाग में 100 रुपये मासिक वेतन पर नियुक्त किया जाए, किन्तु 'मोमिन' ने इसे भी स्वीकार नहीं किया।''

आपका सम्पूर्ण जीवन दिल्ली ही में बीता। इस बीच में आपने कुछ आवश्यक कार्यों से पाँच बार दिल्ली से बाहर क़दम रखा और बदायूँ, जहाँगीराबाद, रामपुर तथा सहारनपुर की यात्रा की। आपका विवाह अन्जुमन-उन्निसा बेगम से हुआ था, जिन्होंने अहमद नसीर और मोहम्मदी बेगम नामक एक पुत्र और एक पुत्री को जन्म दिया था।

'मोमिन' की मृत्यु सन् 1849 ई. में हुई। आप कोठे से गिर पड़े थे और पाँच मास तक कष्ट उठाने के पश्चात् 52 वर्ष की आयु में स्वर्गवासी हुए।

—धर्मपाल गुप्त 'शलभ'

1961

ग़ज़लें

1

ग़ैर को सीना कहे से सीमबर[1] दिखला दिया
तुमने क्या-कुछ किसको इतनी बात पर दिखला दिया

ज़र्द[2] मुँह दिखला दिया, ग़म का असर दिखला दिया
आज हमने उसको अपना ज़ोरो-ज़र[3] दिखला दिया

सुबह से तारीफ़ है सब्रो-सुकूने-ग़ैर[4] की
किसने शब! मुझको तड़पते पेशे-दर[5] दिखला दिया

मौत के सद्क़े कि वो बे-पर्दा आए लाश पर
जो न देखा था तमाशा उम्र भर, दिखला दिया

उसके दिल में अब ख़याले-क़त्ल[6] हरदम आए है
मौत को किसने इलाही[7]! मेरा घर दिखला दिया

नाम उल्फ़त[8] का न लूंगा जब तलक है दम में दम
तूने चाहत का मज़ा ऐ फ़ित्नागर[9]! दिखला दिया

सूरते-अग़ियार[10] को देखे है वह हैरत-ज़दा[11]
मेरे रंगे-रुख़[12] ने आईना[13] मगर दिखला दिया

स.ख़्त कम्ब.ख़्ती हुई यह भी नसीबों का लिखा
ग़ैर को ख़त नामाबर[14] ने बे-ख़बर दिखला दिया

देखेंगे 'मोमिन' यह हम ईमाने-बिल्ग़ैब[15] आपका
उस बुते-पर्दानशीं[16] ने जल्वा[17] गर दिखला दिया

---

1. जिसकी छाती चाँदी जैसी हो। अभिप्राय यह कि ग़ैर ने तुम्हें 'सीमबर' कहा और उसकी ख़ुशामद से प्रसन्न होकर तुमने उसे अपनी छाती दिखा दी। 2. पीला 3. धन और शक्ति 4. ग़ैर का सन्तोष और शांति 5. द्वार के सामने 6. हत्या करने का विचार 7. हे ईश्वर! 8. प्रेम 9. झगड़ा करने वाला (प्रेमिका) 10. ग़ैर की सूरत 11. चकित होकर 12. चेहरे का रंग 13. दर्पण 14. पत्रवाहक 15. वह ईमान जो ईश्वरादि को प्रत्यक्ष देखे बिना लाया गया हो 16. पर्दे में रहने वाली मूर्ति (पर्दानशीं प्रेमिका) 17. झलक

2

वह जो हममें तुममें क़रार[1] था तुम्हें याद हो कि न याद हो
वही यानी वादा[2] निबाह का तुम्हें याद हो कि न याद हो

वह जो लुत्फ़[3] मुझपे थे पेशतर, वह करम[4] कि था मेरे हाल पर
मुझे सब है याद ज़रा-तुम्हें याद हो कि न याद हो

वह नए गिले[5], वह शिकायतें, वह मज़े-मज़े की हिकायतें[6]
वह हरेक बात पे रूठना तुम्हें याद हो कि न याद हो

कभी बैठे सब में जो रू-ब-रू[7] तो इशारतों[8] ही से गुफ़्तगू[9]
वह बयान शौक़[10] का बरमला[11] तुम्हें याद हो कि न याद हो

कोई बात ऐसी अगर हुई कि तुम्हारे जी को बुरी लगी
तो बयाँ[12] से पहले ही भूलना तुम्हें याद हो कि न याद हो

कभी हममें तुममें भी चाह थी, कभी हमसे तुमसे भी राह थी
कभी हम भी तुम भी थे आशना[13] तुम्हें याद हो कि न याद हो

सुनो ज़िक्र है कई साल का कि किया इक आपने वायदा
सो निबाहने का तो ज़िक्र क्या, तुम्हें याद हो कि न याद हो

कहा मैंने, बात वह कोठे की मेरे दिल से साफ़ उतर गई
तो कहा कि जाने मेरी बला तुम्हें याद हो कि न याद हो

---

1. प्रतिज्ञा 2. वचन 3. दया, अनुग्रह 4. कृपा 5. शिकायतें 6. कहानियाँ 7. सन्मुख 8. संकेतों
9. वार्ता 10. प्रेम का हाल कहना 11. महफ़िल में, लोगों के समक्ष 12. हाल कहना 13. परिचित, प्रेमी

वह बिगड़ना वस्ल[1] की रात का, वह न मानना किसी बात का
वह ''नहीं, नहीं'' की हर-आँ[2] अदा तुम्हें याद हो कि न याद हो

जिसे आप गिनते थे आशना, जिसे आप कहते थे बा-वफ़ा[3]
मैं वही हूँ 'मोमिने-मुब्तिला'[4] तुम्हें याद हो कि न याद हो

---

1. मिलन, संयोग 2. प्रति क्षण की 3. वफ़ा करने वाला, निबाहने वाला 4. विपत्ति में फँसा हुआ
'मोमिन'

3

मुझको तेरे इताब[1] ने मारा
या मेरे इज़्तराब[2] ने मारा

बज़्मे-मय[3] में बस एक मैं महरूम[4]
आपके इज्तनाब[5] ने मारा

लेके दिल की कजी[6] नहीं जाती
ज़ुल्फ़ के पेचो-ताब[7] ने मारा

तिश्नाकामी[8] विसाल[9] की मत पूछ
शौक़े-तेग़े-ख़ुश-आब[10] ने मारा

ख़ून क्योंकर मेरा खुले कि मुझे
इक सरापा-हिजाब[11] ने मारा

यादे-अय्यामे-वस्ले-यार[12], अफ़सोस!
दहर[13] के इन्क़लाब ने मारा

लबे-मैगूँ[14] पे जान देते हैं
हमें शौक़े - शराब[15] ने मारा

किसपे मरते हो, आप पूछते हैं
मुझको फ़िक्रे - जवाब[16] ने मारा

____

1. रोष 2. बेचैनी 3. शराब की महफ़िल 4. वंचित 5. उपेक्षा 6. टेढ़ापन 7. बल 8. प्यासापन 9. मिलन 10. तलवार के अच्छे पानी (तेज़ी, चमक, धार) की लालसा 11. वह लज्जा जो सिर से पैर तक हो 12. प्रेमिका से हुए मिलन-काल की स्मृति 13. ज़माना 14. वह अधर जो शराब की तरह हों 15. मधुपान की रुचि 16. उत्तर की चिन्ता

यूँ कभी नौजवाँ न मरता मैं
तेरे अहदे - शबाब[1] ने मारा

'मोमिन' अज़-बस[2] हैं बे-शुमार गुनाह
ग़मे - रोज़े - हिसाब[3] ने मारा

---

1. यौवनावस्था 2. चूँकि 3. उस दिन का दुःख जब ईश्वर प्राणियों से पाप-पुण्य का हिसाब माँगेगा

4

जो पहले दिन से ही दिल का कहा न करते हम
तो अब ये लोगों की बातें सुना न करते हम

अगर न हाथ में उस दिलरुबा[1] के दिल देते
तो दिल पे हाथ सदा धर लिया न करते हम

अगर न जाल में ज़ुल्फ़े-सियह[2] के आ जाते
तो यों ख़राबो-परेशां[3] रहा न करते हम

अगर न लगती चुप उस बदगुमाँ[4] की शोख़ी से
तो बात-बात में मुज़्तर[5] हुआ न करते हम

अगर जलाते न उस शो'ला-रू[6] के इश्क़ में जी
तो सोज़े-आतिशे-ग़म[7] से जला न करते हम

उस आफ़ते-दिलो-जां[8] पर अगर न मर जाते
तो अपने मरने की हमदम दुआ न करते हम

अगर न आँख तग़ाफ़ुल-शआर[9] से लगती
तो बैठे-बैठे ये यूँ चौंक उठा न करते हम

न करते उसकी ब-रंगे-हिना[10] जो पा-बोसी[11]
तो शक्ले-बर्गे-हिना[12] यूँ पिसा न करते हम

अगर न हँसना-हँसाना किसी का भा जाता
तो बात-बात पे यूँ रो दिया न करते हम

---

1. मन-मोहनी 2. काली अलकें 3. दुःखी और व्याकुल 4. बुरा विचारने वाला 5. अधीर
6. देदीप्यमान मुख वाले 7. दुखाग्नि की जलन 8. हृदय और प्राण की आफ़त (सम्बोधन प्रेमिका के
लिए है) 9. उपेक्षा करने वाले 10. मेहंदी के रूप में 11. पद-चुम्बन 12. मेहंदी के पत्तों के रूप में

न लगती आँख[1] तो दिन-रात सोते ही रहते
किसी की चाह न करते तो क्या न करते हम

अगर न देखते वह प्यारी-प्यारी सूरत आह!
तो एक-एक के मुँह को तका न करते हम

जो ग़म बुतों का न होता तेरी तरह 'मोमिन'
तो देख चर्ख़[2] को ''है-है ख़ुदा!'' न करते हम

---

1. आँख का न लगना, अर्थात् प्रेम का न होना 2. आकाश

5

याँ[1] से क्या दुनिया से उठ जाऊँ अगर रुकते हैं आप
रुक गया मेरा भी दम क्यों इस क़दर रुकते हैं आप

संगे-दर[2] है इम्तहाँ[3] तासीरे-हुस्नो-इश्क़[4] का
हम इधर रुकते हैं आप और वो उधर रुकते हैं आप

जाइये फिर उसके कूए-दिलकशां[5] में, किस लिए
हज़रते-दिल! सीने में आठों पहर रुकते हैं आप

जज़्बे-दिल[6] ने ग़ैर के भी क्या कहीं तासीर[7] की
आज क्यों आते हुए हर गाम[8] पर रुकते हैं आप

सच कहो है किससे वादा[9], आज जाओगे कहाँ
ख़ुद-ब-ख़ुद बैठे हुए क्यों अपने घर रुकते हैं आप

ध्यान तुमको ही नहीं तो जाइये ग़ैरों के पास
मैं न रोकूं, रोकने से गर मेरे रुकते हैं आप

वस्ले-शीरीं[10] की तमन्ना, कोहकन[11] को क्या कहूँ
सोहबते-शाहाँ[12] से अरबाबे-हुनर[13] रुकते हैं आप

दिल किसी बुत को दिया ऐ हज़रते-'मोमिन'! कहीं
वाज़ में क्यों बिरहमन को देखकर रुकते हैं आप

---

1. यहाँ 2. द्वार का पत्थर 3. परीक्षा 4. प्रेम और सौन्दर्य का प्रभाव 5. चित्ताकर्षकों की गली
6. हृदय की भावना 7. प्रभाव 8. पग 9. वचन देना 10. शीरीं से मिलन 11. फ़रहाद 12. राजाओं
का सम्पर्क 13. गुणी, चतुरजन

6

क्या देखता ख़ुशी से है ग़ैरों के घर बसन्त
फूली है याँ कुछ और ही ऐ बे-ख़बर बसन्त

वाँ[1] तू है ज़र्दपोश[2], यहाँ मैं हूँ ज़र्दरंग[3]
वाँ तेरे घर बसन्त है, याँ मेरे घर बसन्त

यह किसके ज़र्द चेहरे का अब ध्यान बंध गया
मेरी नज़र में फिरती है आठों पहर बसन्त

आवारगी है बाइसे-नश्वो-नुमा[4] कि देख
सरसब्ज़[5] जब हुई कि फिरी दर-बदर बसन्त

हम क़ैदियों को चाहिएँ सोने की बेड़ियाँ
ऐ चारागर[6], जहान में है जल्वागर[7] बसन्त

उस रश्के-गुल[8] के हाथ तलक कब पहुँच सके
सरसों हथेली पर न जमाए अगर बसन्त

किसको भला खलल कि ये यरक़ाँ[9] का है तबीब[10]
फूली है बाग़े-इश्क़[11] की याँ आनकर बसन्त

है अव्वले-बहार[12], सियह-मस्तियों[13] का जोश
दिखलाए है कुछ अब की बहारे-दिगर[14] बसन्त

'मोमिन' यह क्या कहा कि है रस्मे-हुनूद[15] अब
काहे को लाएंगे वो मेरी गोर[16] पर बसन्त

---

1. वहाँ 2. पीत वस्त्रधारी 3. पीतवर्ण 4. उन्नति का कारण 5. हरी-भरी, फली-फूली 6. उपचारक
7. झलक दिखलाने वाला 8. जिससे पुष्प भी ईर्षा करें 9. कामला, पीलिया रोग 10. चिकित्सक
11. प्रेमोपवन 12. बहार के आरम्भ में 13. काली मस्तियाँ (जिसमें पीने-पिलाने की गुंजाइश हो)
14. अन्य प्रकार की बहार 15. हिन्दुओं का त्यौहार 16. क़ब्र

7

गर वहाँ भी यह ख़मोशी-असर-अफ़्ग़ाँ[1] होगा
हश्र[2] में कौन मेरे हाल का पुरसाँ[3] होगा

उनसे बद-ख़ू[4] का करम[5] भी सितमे-जाँ[6] होगा
मैं तो मैं ग़ैर भी दिल देके पशेमाँ[7] होगा

और ऐसा कोई क्या बे-सरो-सामाँ[8] होगा
कि मुझे ज़हर भी दीजेगा तो अहसाँ[9] होगा

महव[10] मुझ-सा दमे-नज़्ज़ाराए-जानाँ[11] होगा
आईना[12], आईना देखेगा तो हैराँ[13] होगा

ऐसी लज़्ज़त[14] ख़लिशे-दिल[15] में कहाँ होती है
रह गया सीने में उसका कोई पैकाँ[16] होगा

क्या सुनाते हो कि है हिज्र[17] में जीना मुश्किल
तुमसे बे-रहम पे मरने से तो आसाँ[18] होगा

हैरते-हुस्न[19] ने दीवाना किया गर उसकी
देखना खानाए-आईना[20] भी वीराँ[21] होगा

दीदए-मुन्तज़िर[22]! आता नहीं शायद तुझ तक
कि मेरे ख़्वाब का भी कोई निगहबां[23] होगा

---

1. वह आहें जिनका प्रभाव खामोश हो 2. प्रलय का दिन 3. पूछने वाला 4. बुरे स्वभाव वाला (प्रेमिका को सम्बोधन) 5. कृपा 6. प्राण पर अत्याचार 7. पछताने वाला, लज्जित 8. अकिंचन 9. एहसान 10. लीन 11. प्रेमिका को देखते समय 12. दर्पण 13. हैरान 14. मज़ा 15. हृदय की चुभन 16. तीर 17. वियोग 18. आसान 19. सौन्दर्य का अचम्भा 20. दर्पण का फ्रेम (चौखटा) 21. वीरान 22. प्रतीक्षा करने वाली आँख 23. पहरेदार

गर तेरे ख़न्जरे-मिज़गां[1] ने किया क़त्ल मुझे
ग़ैर क्या-क्या मलकउल्मौत[2] के क़ुरबाँ[3] होगा

अपने अन्दाज़ की भी एक ग़ज़ल पढ़ 'मोमिन'
आख़िर इस बज़्म[4] में कोई दो सुखनदां[5] होगा

---

1. खंजर जैसी पलकें 2. यमराज 3. बलिहारी 4. गोष्ठी 5. काव्य-कला का मर्मज्ञ

8

इम्तहाँ[1] के लिए जफ़ा[2] कब तक
इल्तिफ़ाते-सितमनुमा[3] कब तक

ग़ैर है बे-वफ़ा[4] पै तुम तो कहो
है इरादा निबाह का कब तक

मुझपे आशिक़ नहीं है कुछ ज़ालिम[5]
सब्र[6] आख़िर करे वफ़ा कब तक

देखिए ख़ाक से मिलाती है
निगहए-चश्म[7] सुर्मा-सा कब तक

कहीं आँखें दिखा चुको मुझको
जानिबे-ग़ैर[8] देखना कब तक

न बुलाएंगे वो, न आएंगे
जोशे-लब्बैक-ओ-मर्हबा[9] कब तक

होश में आ तू मुझ में जान नहीं
ग़फ़लते-जुरत-आज़मा[10] कब तक

ले शबे-वस्ले-ग़ैर[11] भी काटी
तू मुझे आज़माएगा कब तक

तुम को ख़ू[12] हो गई बुराई की
दर-गुज़र[13] कीजिए भला कब तक

मर चले अब तो इस सनम[14] से मिलें
'मोमिन' अन्देशाए-ख़ुदा[15] कब तक

---

1. परीक्षा 2. अत्याचार 3. अत्याचार-रूपी कृपा 4. न निबाहने वाला 5. अत्याचारी 6. सन्तोष
7. चक्षु दृष्टि 8. ग़ैर की ओर 9. सेवार्थ उपस्थित होना और स्वागत करने का जोश 10. साहस
की परीक्षा के लिए प्रयोग में लाई जाने वाली लापरवाही 11. ग़ैर से मिलने की रात 12. स्वभाव
13. छोड़ना 14. मूर्ति (प्रेमिका) 15. ख़ुदा का डर

9

शब ग़मे-फ़ुरक़त[1] हमें क्या-क्या मज़े दिखलाए था
दम रुके था सीने में, कम्बख़्त जी घबराए था

या तो दम देता था वह, या नामाबर[2] बहकाए था
थे ग़लत पैग़ाम[3] सारे, कौन यां तक आए था

सुन के मेरी मर्ग[4] बोले—मर गया, अच्छा हुआ
क्या बुरा लगता था जिस दम सामने आ जाए था

यार-ओ-दुश्मन[5] राह में कल देखना क्योंकर मिले
वो उधर को जाए था और ये इधर को आए था

कोई दिन तो उस पे क्या तस्वीर का आलम[6] रहा
हर कोई हैरत का पुतला देखकर बन जाए था

सूए-सहरा[7] ले चले उस कू[8] से मेरी नाश[9] हाय!
था यही डर इन दिनों तलवा मेरा खुजलाए था

नाज़े-शोख़ी[10] देखना वक़्ते-तज़ल्लुम[11] दम-ब-दम
मुझ से वह उज़्रे-जफ़ा[12] करता था और झुंझलाए था

बात शब को उससे मनअए-बेक़रारी[13] पर बढ़ी
हम तो समझे और कुछ, वो और कुछ समझाए था

हो गई दो रोज़ की उल्फ़त[14] में क्या हालत अभी
'मोमिने'-वहशी[15] को देखा इस तरफ़ से जाए था

---

1. बिछोह का दुःख 2. सन्देशवाहक 3. सन्देश 4. मृत्यु 5. प्रेमिका और शत्रु 6. दशा, अवस्था
7. उस जंगल की ओर जो वनस्पति-विहीन हो 8. गली 9. शव 10. चंचलता का नखरा
11. फ़रियाद के समय 12. अत्याचार न करने का सविनय बहाना 13. बेचैनी के लिए मना करना
14. प्रेम 15. पागल 'मोमिन'

10

गुस्सा बेगानावार[1] होना था
बस यही तुझसे यार होना था

क्या शबे-इन्तज़ार[2] होना था
नाहक़[3] उम्मीदवार[4] होना था

मुझे जन्नत में वह सनम[5] न मिला
हश्र[6] और एक बार होना था

ख़ाक होता न मैं तो क्या करता
उसके दर का ग़ुबार होना था

चश्मे – बे – एतबारे – जानाँ[7] में
क्या मेरा एतबार होना था

सब्र कर सब्र हो चुका जो कुछ
ऐ दिले-बे-क़रार[8], होना था

कूए-दुश्मन[9] में जा पकड़ता क्यों
क्या मुझे शर्मसार[10] होना था

वो नमकपाश[11] भी नहीं होते
यों ही दिल को फ़िगार[12] होना था

---

1. गैरों का-सा 2. प्रतीक्षा की रात 3. व्यर्थ में 4. प्रत्याशी 5. प्रेमिका, मूर्ति 6. प्रलय 7. प्रेमिका के अविश्वासी नयन 8. अधीर हृदय 9. दुश्मन की गली 10. लज्जित 11. नमक छिड़कने वाला 12. आहत

न गया तीरे-नाला सूए-रक़ीब[1]
मुर्गे़-अ़र्शी[2] शिकार होना था

गर न थी ऐ दिल उसके रंज की ताब
क्यों शिकायत-गुज़ार[3] होना था

रात-दिनबादा-ओ-सनम[4]'मोमिन'
कुछ तो परहेज़गार[5] होना था

---

1. विलाप का तीर दुश्मन की ओर न जा सका 2. आकाशीय पक्षी 3. शिकायत करने वाला
4. मदिरा और प्रेमिका 5. परहेज़ करने वाला, पवित्र

11

थी वस्ल में भी फ़िक्रे-जुदाई तमाम शब
वह आए तो भी नींद न आई तमाम शब

वाँ[1] ताना[2] तीर-बार[3], यहाँ शिकवा ज़ख़्मरेज़[4]
बाहम[5] थी किस मज़े की लड़ाई तमाम शब

रंगीं[6] है ख़ूने-सर से वो हाथ आज, कल रहे
जिस हाथ में वो दस्ते-हिनाई तमाम शब

यकबार देखते ही मुझे, ग़श जो आ गया
भूले थे वो भी होशरुबाई तमाम शब

मर जाते क्यों न सुबह के होते ही हिज्र में
तकलीफ़ कैसी-कैसी उठाई तमाम शब

गर्मे - जवाबे - शिक्वए - जौरे - अदू[7] रहा
उस शो'ला-ख़ू[8] ने जान जलाई तमाम शब

कहता है मेहरवश[9] तुम्हें क्यों ग़ैर, गर नहीं—
दिन भर हमेशा वस्ल, जुदाई तमाम शब

धर पाँव आस्ताँ[10] पे कि इस आरज़ू में आह!
की है किसी ने नासियासाई[11] तमाम शब

'मोमिन' मैं अपने नालों के सदक़े कि कहते हैं—
उसको भी आज नींद न आई तमाम शब

---

1. वहाँ 2. व्यंग्य 3. तीर मारने जैसा 4. घाव पैदा करने वाला 5. परस्पर 6. रंजित 7. ग़ैर के अत्याचार की शिकायत के उत्तर में व्यस्त होना 8. अग्नि-स्वभाव (प्रेमिका से सम्बोधन) 9. सूर्य-स्वरूप 10. दहलीज़ 11. माथा घिसना

12

वो कहाँ साथ सुलाते हैं मुझे
ख़्वाब क्या-क्या नज़र आते हैं मुझे

उस परीवश[1] से लगाते हैं मुझे
लोग दीवाना बनाते हैं मुझे

या रब[2]! उसका भी जनाज़ा[3] उट्ठे
यार उस कू[4] से उठाते हैं मुझे

अबरुए-तेग़[5] से ईमा[6] है कि आ
क़त्ल करने को बुलाते हैं मुझे

हैरते-हुस्न[7] से यह शक्ल बनी
कि वो आईना[8] दिखाते हैं मुझे

फूंक दे आतिशे-दिल[9], दाग़ मेरे
उसकी ख़ू[10] याद दिलाते हैं मुझे

गर कहे ग़म्ज़ा[11] किसे क़त्ल करूँ
तो इशारत[12] से बताते हैं मुझे

मैं तो उस जुल्फ़[13] की बू[14] पर ग़श[15] हूँ
चारागार[16] मुश्क[17] सुँघाते हैं मुझे

अब यह सूरत है कि ऐ पर्दानशीं[18]
तुझ से अहबाब[19] छिपाते हैं मुझे

'मोमिन' और दैर[20], ख़ुदा ख़ैर करे
तौर[21] बेढब नज़र आते हैं मुझे

---

1. अप्सरा जैसी सुन्दर 2. हे ईश्वर! 3. अरथी 4. गली 5. भ्रू की तलवार 6. संकेत 7. सौन्दर्य का अचम्भा 8. दर्पण 9. हृदय की अग्नि 10. स्वभाव 11. भ्रू-विलास 12. संकेत 13. केश-राशि 14. गन्ध 15. मूर्च्छित 16. उपचारक 17. कस्तूरी, जिसके सुँघाने से मूर्च्छा दूर हो जाती है 18. आवरण में रहने वाली (प्रेमिका) 19. मित्रगण 20. मन्दिर, जहाँ मूर्तियाँ हों 21. ढंग

13

जज़्बे-दिल[1]! ज़ोर आज़माना[2] छोड़ दे
पाए-नाज़ुक[3] का सताना छोड़ दे

जान से जाती हैं क्या-क्या हसरतें[4]
काश! वह दिल में भी आना छोड़ दे

हाल दिखलाता हूँ, शायद शर्म से
ग़ैर उसको मुँह दिखाना छोड़ दे

दाग़ से मेरे जहन्नुम[5] को मिसाल[6]
तू भी वाइज़[7], दिल जलाना छोड़ दे

पर्दे की कुछ हद भी ऐ पर्दानशीं
खुल के मिल बस मुँह छिपाना छोड़ दे

हूँ वो मजनूं गर मैं ज़िन्दाँ[8] में रहूँ
फ़स्ले-गुल[9] गुलशन[10] में आना छोड़ दे

लब[11] पे हर्फ़े-आरज़ू[12] का खूँ[13] हुआ
रंगे-पाँ[14] का मुँह लगाना छोड़ दे

उस दहन[15] को गुन्चा[16] ऐ दिल क्या कहूं
डर लगे है मुस्कराना छोड़ दे

आह! मेरी कब दुआए-नूह[17] थी
चश्मे-तर[18] तूफ़ाँ[19] उठाना छोड़ दे

गर है 'मोमिन' रोज़ाए-वस्ले-बुताँ[20]
तो ग़मे-फ़ुरक़त[21] भी खाना छोड़ दे

---

1. हृदय की भावना 2. शक्ति की परीक्षा करना 3. कोमल पैर 4. कामनायें 5. नरक 6. उदाहरण
7. धर्मोपदेशक 8. कारागार 9. मधुमास 10. उद्यान 11. अधर 12. कामना के शब्द 13. खून
14. पान का रंग 15. मुँह 16. कली 17. नूह की प्रार्थना 18. भीगी आँख 19. तूफ़ान 20. प्रेमिका
से मिलने का रोज़ा (व्रत) रखना 21. विछोह का दुख

14

मैं अहवाले-दिल[1] मर गया कहते-कहते
थके तुम न ''बस, बस, सुना,'' कहते-कहते

मुझे चुप लगी मुद्आ[2] कहते – कहते
रुके हैं वो क्या जाने क्या कहते-कहते

ज़बाँ[3] गुंग[4] है, इश्क़ में गोश[5] कर[6] हैं
बुरा सुनते-सुनते, भला कहते-कहते

शबे-हिज्र[7] में क्या हुजूमे-बला[8] है
ज़बां थक गई मर्हबा[9] कहते-कहते

गिला[10] हर्ज़ागर्दी[11] का बेजा[12] न था कुछ
वह क्यों मुस्कराए बजा[13] कहते-कहते

सद-अफ़सोस[14] जाती रही वस्ल की शब[15]
ज़रा ठहर ऐ! बे-वफ़ा कहते-कहते

चले तुम कहाँ मैंने तो दम लिया है
फ़साना[16] दिले-ज़ार[17] का कहते-कहते

बुरा हो तेरा महरमे – राज़[18] तूने
किया उनको रुसवा[19] बुरा कहते-कहते

सितमहाए-गर्दूं[20] मुफ़स्सिल[21] न पूछो
कि सर फिर गया माजरा[22] कहते-कहते

नहीं या सनम[23], 'मोमिन' अक कुफ़्र[24] से कुछ
कि ख़ू[25] हो गई है सदा कहते-कहते

---

1. हृदय का हाल 2. अभिप्राय 3. जिह्वा 4. गूँगी 5. कान 6. बहरे 7. विरह की रात 8. दु:खों का जमघट 9. स्वागत, शाबाश 10. शिकायत 11. आवारगी 12. अनुचित 13. उचित 14. सौ अफ़सोस 15. रात 16. कहानी 17. दुर्बल और दु:खी हृदय 18. भेद जानने वाले 19. बदनाम 20. आकाशीय विपत्तियाँ 21. सविस्तार 22. वृत्तान्त 23. हे मूर्ति (प्रेमिका) ! 24. इस्लाम के विपरीत, सत्य को छिपाना 25. स्वभाव

15

क़हर[1] है, मौत है, क़ज़ा है इश्क़
सच तो यह है बुरी बला है इश्क़

असरे – ग़म[2] ज़रा बता देना
वो बहुत पूछते हैं क्या है इश्क़

आफ़ते – जाँ[3] है कोई पर्दानशीं
कि मेरे दिल में आ छिपा है इश्क़

सूझे क्योंकर फ़रेबे – दिलदारी[4]
दुश्मने – आशना – नुमा[5] है इश्क़

किस मलाहत-सरिश्त[6] को चाहा
तल्ख़कामी[7] पे बा-मज़ा[8] है इश्क़

हम को तरजीह[9] तुम पे है यानी—
दिलरुबा[10] हुस्न जाँरुबा[11] है इश्क़

देख हालत मेरी कहीं काफ़िर[12]
नाम दोज़ख़[13] का क्यों धरा है इश्क़

देखिए किस जगह डुबो देगा
मेरी किश्ती का नाख़ुदा[14] है इश्क़

अब तो दिल इश्क़ का मज़ा चक्खा
हम न कहते थे क्यों बुरा है इश्क़

---

1. आफ़त 2. दुख का प्रभाव 3. प्राणों की विपत्ति 4. प्रेम का छल 5. प्रेमी के रूप में शत्रु
6. नमकीन (सुन्दर) स्वभाव 7. कड़वाहट 8. स्वादिष्ट 9. पसंद 10. दिल लेने वाला 11. जान
लेने वाला 12. प्रेमिका को सम्बोधन 13. नरक 14. केवट

आप मुझ से निबाहेंगे सच है
बा-वफ़ा[1] हुस्न, बे-वफ़ा[2] है इश्क़

मैं वह मजनूने-वहशत-आरा[3] हूँ
नाम से मेरे भागता है इश्क़

क़ैसो-फ़रहादो-वामिक़ो[4]-'मोमिन'
मर गए सब ही क्या वबा[5] है इश्क़

---

1. निबाहने वाला 2. न निबाहने वाला 3. जंगलीपन में डूबा 4. आशिक़ों के नाम हैं 5. महामारी

16

असर[1] उसको ज़रा नहीं होता
रंज राहत-फ़ज़ा[2] नहीं होता

बे-वफ़ा कहने की शिकायत है
तू भी वादा-वफ़ा[3] नहीं होता

जिक्रे-अग़ियार[4] से हुआ मालूम
हर्फ़े-नासेह[5] बुरा नहीं होता

तुम हमारे किसी तरह न हुए
वर्ना दुनिया में क्या नहीं होता

उससे क्या जाने क्या किया लेकर
दिल किसी काम का नहीं होता

आह ! तूले-अ़मल[6] है रोज़-अफ़जूं[7]
गर्चे[8] इक मुद्आ़[9] नहीं होता

ना-रसाई[10] से दम रुके तो रुके
मैं किसी से ख़फ़ा[11] नहीं होता

*तुम मेरे पास होते हो गोया
जब कोई दूसरा नहीं होता

हाले-दिल[12] यार को लिखूं क्योंकर
हाथ दिल से जुदा[13] नहीं होता

---

1. प्रभाव 2. आराम बढ़ाने वाला 3. वचन निबाहने वाला 4. ग़ैर की चर्चा 5. नसीहत करने वाले के शब्द 6. इच्छाएँ 7. नित्य वृद्धि पर 8. यद्यपि 9. अभिप्राय 10. न पहुँचना 11. रुष्ट 12. हृदय का हाल 13. पृथक

*इस शे'र पर हज़रत 'ग़ालिब' अपना सम्पूर्ण दीवान 'मोमिन' को देने को तैयार थे।

दामन[1] उसका जो है दराज़[2] तो हो
दस्ते-आशिक़[3] रसा[4] नहीं होता

चाराए-दिल[5] सिवाए सब्र नहीं
सो तुम्हारे सिवा नहीं होता

क्यों सुने अर्ज़े-मुज़्तर[6] ऐ 'मोमिन'
सनम[7] आख़िर ख़ुदा नहीं होता

---

1. आंचल 2. लम्बा 3. प्रेमी का हाथ 4. पहुँचने वाला 5. हृदय का उपचार 6. आकुल प्रार्थना
7. मूर्ति (प्रेमिका)

17

नावक-अन्दाज़[1] जिधर दीदाए-जानाँ[2] होंगे
नीम-बिस्मिल[3] कई होंगे, कई बे-जाँ[4] होंगे

ताबे-नज़्ज़ारा[5] नहीं, आईना क्या देखने दूँ
और बन जाएँगे तस्वीर जो हैराँ होंगे

नासहा[6], दिल में तू इतना तो समझ अपने कि हम
लाख नादाँ[7] हुए क्या तुमसे भी नादाँ होंगे

करके ज़ख़्मी मुझे नादिम[8] हों यह मुमकिन[9] ही नहीं
गर वो होंगे भी तो बे-वक़्त[10] पशेमाँ[11] होंगे

हम निकालेंगे सुन ऐ मौजे-हवा[12] बल तेरा
उसकी ज़ुल्फ़ों के अगर बाल परेशाँ[13] होंगे

सब्र यारब[14] मेरी वहशत[15] को पड़ेगा कि नहीं
चाराफ़रमा[16] भी कभी क़ैदिए-ज़िन्दाँ[17] होंगे

दाग़े-दिल[18] निकलेंगे तुरबत[19] से मेरी जूँ लाला[20]
ये वो अख़गर[21] नहीं जो ख़ाक में पिन्हाँ[22] होंगे

चाके-पर्दा[23] से यह ग़मज़े[24] हैं तो ऐ पर्दानशीं
एक मैं क्या कि सभी चाक-गिरेबां[25] होंगे

---

1. तीर चलाने वाले 2. प्रेमिका के नयन 3. अर्ध-आहत 4. निर्जीव 5. देखने की शक्ति 6.नसीहत करने वाला 7. नादान 8. लज्जित 9. सम्भव 10. असमय 11. शर्मिन्दा 12. हवा का झोंका 13. बिखरना 14. हे ईश्वर! 15. जंगलीपन 16. उपचारक 17. कारागार के बन्दी 18. हृदय के दाग़ 19. क़ब्र 20. लाल रंग के फूल 21. चिंगारी 22. छिपे हुए 23. आवरण का फटना 24. भ्रू-संचालन 25. कुर्ते के गले के ऊपर का भाग फटा होना (वहशत में वस्त्र फाड़ लेने का भाव है)

मिन्नते – हज़रते – ईसा[1] न उठायेंगे कभी
ज़िन्दगी के लिए शर्मिन्दाए-अहसां[2] होंगे ?

उम्र सारी तो कटी इश्क़े-बुतां[3] में 'मोमिन'
आख़िरी वक़्त में क्या ख़ाक मुसलमाँ[4] होंगे

---

1. हज़रत ईसामसीह का एहसान (मसीह रोगियों और मृतकों को ठीक करते थे) 2. एहसान से लज्जित 3. मूर्तियों का प्रेम 4. मुसलमान, धार्मिक

18

रात किस-किस तरह कहा, न रहा
न रहा पर वह महलक़ा[1] न रहा

ग़ैर आकर क़रीबे-ख़ाना[2] रहा
शौक़ आने का अब तेरे न रहा

तेरे पर्दे ने की यह पर्दादरी
तेरे छिपते ही कुछ छिपा न रहा

ग़म मेरा किसलिए कि दुनिया में
न रहा मैं, मेरा फ़साना रहा

मुद्अ़ा[3] ग़ैर से कहा ता[4] वह
समझे अब कुछ भी मुद्अ़ा न रहा

किसकी ज़ुल्फ़ों का ध्यान था कि मैं शब
महवे - दूदे - चिराग़ख़ाना[5] रहा

ग़ैर छिड़के है ज़ख़्मे-दिल[6] पे नमक
शोरे-उल्फ़त[7] में भी मज़ा न रहा

दिल लगाने के तो उठाए मज़े
जी बला से रहा रहा, न रहा

'मोमिन' उस बुत के नीमनाज़[8] ही में
तुमको दावाए - इत्तक़ा[9] न रहा

---

1. चन्द्रवदना 2. गृह के निकट 3. अभिप्राय 4. जिससे 5. दीपक-गृह के धूम्र में लीन 6. हृदय के घाव 7. प्रेम का शोरा 8. अर्धाभिमान, तनिक-सा नख़रा 9. पवित्रता का दावा

19

सुर्मा हैं उस चश्मे-जादूफ़न[1] में हम
ख़ाक डालें दीदा-ए-दुश्मन[2] में हम

नातवाँ[3] थे पर न छोड़ा मिस्ले-ख़ार[4]
ख़ुद उलझकर रह गए दामन[5] में हम

ग़ैर को झाँका तो डेले आँख के
देखना रख देवेंगे रौज़न[6] में हम

फूले जामा[7] में समाते ही नहीं
वस्ले-शोख़े-चुस्त-पैराहन[8] में हम

और शबनम[9] दिन को ठहरे क्या मजाल
रोए हैं ऐ मेहरवश[10] गुलशन[11] में हम

कर दिया उस जल्वा[12] ने मजनूं, चलो
ख़ाक उड़ायें वादिए-ऐमन[13] में हम

दिल में नासेह[14] आए क्या अपना ख़याल
जा सके कब यार के मस्कन[15] से हम

जोशे-वहशत[16] ने उठाया लाश को
अपने पांवों से गये मद:फ़न[17] में हम

तोड़ना 'मोमिन' न पैमाने-अलस्त[18]
हैं मुसल्लम[19] आशिक़ी[20] के फ़न[21] में हम

---

1. जादू भरी आँखें 2. शत्रु (ग़ैर की आँख) 3. दुर्बल 4. काँटे की भाँति 5. आँचल 6. छिद्र
7. लिबास 8. चुस्त परिधान वाली चंचला के मिलन 9. ओस-बिन्दु 10. सूर्य-स्वरूपा (प्रेमिका
को सम्बोधन) 11. वाटिका 12. झलक 13. यमन देश की घाटी जहाँ मजनूं उन्मादावस्था में
घूमता था 14. नसीहत करने वाला 15. गृह 16. अधीरता का जोश 17. क़ब्र 18. आदि-प्रतिज्ञा
19. पूर्ण 20. आसक्ति 21. कला

20

कैसे मुझसे बिगड़े तुम अल्लाह-हो-अकबर[1] रात को
ज़िबह[2] ही करते जो होता पास ख़न्जर रात को

अपनी आवाज़े-क़दम[3] से भी वो डरकर रात को
मुड़ के पीछे देख ले था हर क़दम पर रात को

हम में क्या बाक़ी रहा था ऐ सितमगर, रात को
जाँ-ब-लब[4] थे बच गए क़िस्मत से मरकर रात को

बूए-गुल[5] का ऐ नसीमे-सुबह[6] अब किसको दिमाग़[7]
साथ सोया है हमारे वह समन-बर[8] रात को

सुबह-दम[9] महताब[10] का सा रंग क्यों है, गर न था
बुल्हवस[11] के पास तू ऐ नाज़-परवर[12] रात को

बज़्मे-दुश्मन[13] में न हो वह नग़मागर[14], आती रही
हर फ़ुग़ाँ[15] के साथ लब पर जाने-मुज़्तर[16] रात को

रोज़े-हिजरां[17] से शबे-फ़ुरक़त[18] न हो क्यों सख़्ततर[19]
गाहे-गाहे[20] दिन को मिलते थे वो, अक्सर रात को

रह गए हम झाँकने से भी यह क्या अन्धेर है
बन्द किसने कर दिए थे रौज़ने-दर[21] रात को

---

1. हे ईश्वर! तू बड़ा है 2. हत्या 3. पगध्वनि 4. प्राण का अधरों पर आ जाना 5. पुष्प-गन्ध 6. समीर 7. ध्यान 8. चमेली जैसे शरीर वाली 9. प्रात: को 10. चाँद 11. वह अन्य व्यक्ति जो प्रेमिका को उच्च प्रेम भावना के स्थान पर कामुक दृष्टि से प्यार करे 12. घमण्ड और नखरे का पोषण करने वाला (प्रेमिका) 13. शत्रु की सभा 14. गायक (प्रेमिका) 15. आह, फ़रियाद 16. अधीर प्राण 17. बिछोह का दिन 18. विरह की रात 19. कठोर, कठिन 20. यदाकदा 21. द्वार का छिद्र

कूद कर घर में तो पहुँचा मैं तेरे, पर क्या करूँ
दम निकल जाता था खटके से बराबर रात को

क्या कहूँ तुम जो न आए, क्या क़यामत[1] आ गई
मेहमाँ[2] था मेरे घर में रोज़े-महशर[3] रात को

क्या उसी बुत-ख़ाना[4] को फ़रमाते हो ज़ुल्मत-कदा[5]
हज़रते-'मोमिन' जहाँ जाते हो छिपकर रात को

---

1. प्रलय 2. अतिथि 3. प्रलय का दिन 4. मन्दिर 5. अन्धकार-गृह

21

शाम से ता-सुबह[1] मुज़्तर[2], सुबह से ता-शाम[3] हम
एक आ़लम[4] में हैं क्यों ऐ गर्दिशे-अय्याम[5] हम

शब[6] रहे तुझ बिन ज़िबस[7] बेचैन, बे-आराम हम
सुबह तक रोया किये ले-ले के तेरा नाम हम

यार-ओ-दुश्मन[8] ने सताया जब कि हम आशिक़ हुए
है गुनह[9] अपना ही फिर देवें किसे इल्ज़ाम[10] हम

क्या मज़ा पाया अ़दू[11] से बे-मज़ा[12] हो आपने
तल्ख़कामे-इश्क़[13] हैं, थे लायक़े-दुश्नाम[14] हम

आन बैठा कौन कोठे पर जो यूं हैरान-से
ख़ाक पर चुपके पड़े तकते[15] हैं सूए-बाम[16] हम

इस सियह-बख़्ती[17] पे रक्खें तुझसे उम्मीदे-वफ़ा[18]
ऐसे सौदाई[19] नहीं, ऐ शोख़े-लैला-ख़ाम[20] हम

आईना का बोसा[21] ले तू अ़क्से-लब[22] को देखकर—
और बस रह जाएँ यूं नाकाम[23], ऐ ख़ुदकाम[24] हम

बसकि इक पर्दानशीं के इश्क़ में है गुफ़्तगू[25]
बात भी करते नहीं जुज़[26] सनअते-ईहाम[27] हम

---

1. प्रात: तक 2. अधीर 3. सन्ध्या तक 4. स्थिति 5. दिनों का फेर 6. रात्रि 7. केवल 8. प्रेमिका और दुश्मन 9. अपराध 10. अभियोग 11. शत्रु 12. नाराज़ 13. प्रेम की कटुता सहन किए हुए 14. गाली के योग्य 15. ताकना 16. छत की ओर 17. दुर्भाग्य 18. निबाह की आशा 19. पागल 20. लैला जैसी चंचला 21. चुम्बन 22. अधर का प्रतिबिम्ब 23. निराश 24. स्वाकांक्षी (प्रेमिका को सम्बोधन) 25. वार्ता 26. सिवाए 27. वह बात जिसके दो अर्थ हों

तू ख़बर ला, क्या कहा क़ासिद[1] से, छिपते-फिरते हैं—
हमदम[2] उस पर्दानशीं को भेजकर पैग़ाम हम

गर तेरे कूचे को दी काबा[3] से निस्बत[4], क्या गुनाह
'मोमिन'[5] आख़िर थे कभी, ऐ दुश्मने-इस्लाम[6] हम

---

1. संवादवाहक 2. मित्र 3. मुस्लिम धर्म-स्थान 4. उपमा 5. इस्लाम का अनुयायी 6. इस्लाम का शत्रु (प्रेमिका को सम्बोधन)

22

वह जो ज़िन्दगी में नसीब[1] था, वही बादे-मर्ग[2] रहा क़लक़[3]
यह क़लक़ है कैसा कि है सितम[4] गई जान, पर न गया क़लक़

शबे-हिज्र[5] रोज़े-विसाल[6] की तेरी शोख़ियां[7] जो नज़र में थीं
कहूँ क्या तग़य्युरे-हाले-दिल[8], कभी था सुकूं[9], कभी था क़लक़

नहीं चाह मेरी अगर उसे, नहीं राह दिल में तो किस लिए—
मुझे रोते देख वह रो दिया, मेरा हाल सुनके हुआ क़लक़

ग़मे-हिज्रे-यार[10] के हाथ से शबो-रोज़[11] हूँ मैं अज़ाब[12] में
है हमेशा एक नई तपिश[13] है मुदाम[14] एक नया क़लक़

शबे-वादा[15] जज़्बा-ए-शौक़[16] से हुई कश्मकश[17] यह सितम हुआ
कि वो आते-आते जो थक गए तो किसी तरह न थमा क़लक़

कहा—जां-ब-लब[18] हूँ जो आए तू मेरी ज़िन्दगी हो, तो यूँ कहा—
तेरे जीने की मुझे क्या ख़ुशी, तेरे मरने का मुझे क्या क़लक़

‘‘यह शरारतों की शिकायतें, यह जलाना ग़ैर का देखियो’’
कहे मुझसे वह, तेरे हाथ से नहीं चैन मुझको, सिवा क़लक़

नज़र अब्र[19] पर जो कभी पड़े तो ख़याल रोने का आ बंधे
जो तपिश को बर्क़[20] की देखूँ तो मुझे याद आए तेरा क़लक़

यही दीं[21] अगर है तो छोड़ दो, तरफ़ उस सनम[22] के न रुख़ करो
जिसे ‘मोमिन’ आप के वास्ते है मिसाले-क़िब्लानुमा[23] क़लक़

---

1. प्राप्य 2. मृत्यु के बाद 3. रंज 4. अत्याचार 5. बिछोह की रात में 6. मिलन का दिन 7. चंचलताएँ
8. हृदयावस्था का परिवर्तन 9. सन्तोष 10. प्रेमिका के बिछोह का दुख 11. दिन-रात 12. विपत्ति
13. दाह 14. निरंतर 15. वह रात जिसमें मिलने का प्रेमिका ने वचन दिया हो 16. लालसा की
भावना 17. संघर्ष 18. प्राण का अधरों पर आ जाना 19. अभ्र, मेघ 20. विद्युत 21. दीन, मज़हब
22. मूर्ति (प्रेमिका) 23. काबा जैसा

23

किसी का हुआ आज, कल था किसी का
न है तू किसी का, न होगा किसी का

किया तुमने क़त्ले-जहाँ इक नज़र में
किसी ने न देखा तमाशा किसी का

न मेरी सुने वह, न मैं नासहों[1] की
नहीं मानता कोई कहना किसी का

मुझे मार डाला है इनकार ने, फिर
न कहना, कि क्या मुझपे दावा किसी का

जो फिर जाए उस बे-वफ़ा से तो जानूँ
कि दिल पर नहीं ज़ोर चलता किसी का

सबा नकहते-यार[2] लाई कहाँ से
नहीं दख़्ल उस कू में इस्ला[3] किसी का

वो करते हैं बे-बाक[4] आशिक़-कुशी[5] यूँ
नहीं कोई दुनियां में गोया किसी का

कोई क्या करे, आप हरजाई[6] हो तुम
नहीं मेरी जाँ[7], शिक्वा बेजा किसी का

दमे-अल्हज़र[8] और इश्क़े-बुताँ[9] से
तुझे डर है ऐ 'मोमिन' ऐसा किसी का

---

1. नसीहत करने वालों 2. प्रेमिका की सुगन्ध 3. हर्गिज़ 4. भय-रहित 5. प्रेमी की हत्या 6. हरेक के पास जाने वाली 7. प्राण! (प्रेमिका) 8. ईश्वर सहायता कर 9. बुतों का प्रेम

24

क्या करूँ क्योंकर रुकूँ, नासेह[1] ! रुका जाता है दिल
पेश[2] क्या चलती है उससे जिस पे आ जाता है दिल

सोज़िशे-परवाना[3] दिखलाते हो क्या, मैं क्या कहूँ—
देख जलते शम्मअ़-महफ़िल[4] को जला जाता है दिल

या इलाही! मुझको किस पर्दानशीं का ग़म लगा
सीने में अन्दर ही अन्दर कुछ घुला जाता है दिल

हैरते – दीदार[5], बस आईना रख दे हाथ से
अपनी हालत देखकर ज़ालिम कटा जाता है दिल

कोई सुनता ही नहीं, बकता है क्यों दीवानावार[6]
मेरे दिल के साथ नासेह का भी क्या जाता है दिल

मत बिगड़ तू हर्ज़ागर्दी[7] से मेरी, इन्साफ़ कर
कुछ भी बन आती है जब ऐ बे-वफ़ा जाता है दिल

वह सितमगर[8], दिलबरे-आ़लम[9] इधर आता है अब
क्या बनेगी देखिए, रहता है या जाता है दिल

हाथ उठाए किसके दिल से, किसके सीने पर धरे
हाथ से अग़ियार[10] का भी तो चला जाता है दिल

आमदे – गिरिया[11] दमे – अन्दोह[12] बे – मूजिब[13] नहीं
सीने में रुकता है जब आँखों में आ जाता है दिल

चाहता हूँ मैं तो मस्जिद में रहूँ 'मोमिन' व-ले[14]—
क्या करूँ बुत-ख़ाने[15] की जानिब[16] खिंचा जाता है दिल

---

1. नसीहत करने वाला 4. वश 3. पतंगे की जलन 4. महफ़िल में जलने वाली मोमबत्ती
5. दर्शन का अचम्भा 6. पागलों जैसा 7. निरुद्देश्य घूमना, आवारगी 8. अत्याचारी 9. संसार का प्रिय
10. ग़ैरों 11. रोना 12. दु:ख के समय 13. अकारण 14. किन्तु 15. मन्दिर 16. ओर

25

कहां नींद तुझ बिन, मगर आए ग़श[1]
तो यक[2] सूरते-ख़्वाब[3] दिखलाए ग़श

तुम्हारी कुदूरत[4] से होश आ गया
किया बूए-गिल[5] ने मुदावाए-ग़श[6]

न ठहरे बस आईना को देखकर
वह इतना कि देखें तमाशाए-ग़श

क़यामत-जुनूँ में हूँ नाजुक-दिमाग़
न क्यों नकहते-गुल से आ जाए ग़श

तेरे बाल लाकर सुँघाए कहीं—
कि ग़श हो गए चारा-फ़रमाए-ग़श[7]

न हो जब कि मेरा ख़याले-वफ़ात[8]
तो क्या उस सितम-गर को परवाए-ग़श[9]

ख़बर लो मेरी तुम, कहाँ तक रहे[10]
यह हालत कि ग़श पर चला आए ग़श

ख़ुदाई का जल्वा है 'मोमिन' कि तू—
गर उस बुत[11] को देखे तो हो जाए ग़श

---

1. मूर्च्छा 2. एक 3. स्वप्न का रूप 4. हृदय में गुबार (मैल) रखना 5. मिट्टी की गंध 6. मूर्च्छा का उपचार
7. मूर्च्छा को दूर कराने का प्रयत्न करने वाले 8. मृत्यु की चिन्ता 9. मूर्च्छा की चिन्ता 10. कहाँ
देख रहे हो 11. मूर्ति

26

मत कह शबे-विसाल[1] कि ठण्डा न कर चिराग़
ज़ालिम जला है मेरी तरह उम्र भर चिराग़

वो सोख़्ता-जिगर[2] हूँ कि पैमाना-ओ-सुबू[3]
बनते नहीं हैं ख़ाक से मेरी, मगर चिराग़

ज़ुल्फ़ें उठाओ रुख़ से कि दिल की जलन मिटे
बुझ जाए है जहान में वक़्ते-सहर[4] चिराग़

उस मेहरवश[5] के जल्वे के क़ुर्बान क्यों न हूँ
परवाने को भी रात न आया नज़र चिराग़

क्या बे-तकल्लुफ़ आए सदा[6], हाय ! शम्मअ़-रू[7] !
गर मेरे आबे-अश्क से हो नौहा-गर[8] चिराग़

हम-पेशा[9] के है सामने अर्ज़े-हुनर[10] ज़रूर—
जलता है मेरे घर में ब-तर्ज़े-दिगर[11] चिराग़

क्या ख़ूब रोशनी है कि चेहरे की आब[12] से
है दाग़े-बुल्हवस[13] तेरी मजलिस में हर चिराग़

ग़म-खाना[14] तंगो-तार[15] है, और हम सियाह-रोज़[16]
जलते हैं यानी चाहिए आठों पहर चिराग़

---

1. मिलन की रात 2. जला हुआ हृदय 3. मधुकलश और चषक 4. प्रातःकाल 5. सूर्य-स्वरूपा
(प्रेमिका को सम्बोधन) 6. आवाज़ 7. शम्मअ़ जैसी मुख वाली 8. चरचराहट करने वाला
9. समान व्यवसाय वाला 10. गुण का निवेदन 11. विशेष रूप से 12. चमक 13. (अन्य) कामुक-
प्रेमी का दाग़ 14. वेदना का गृह 15. अन्धकारपूर्ण 16. दुर्भाग्य वाले

उस शो'ला-रू[1] ने, ताकि पसे-मर्ग[2] भी जलूँ—
जलवाए दुश्मनों से मेरी गोर[3] पर चिराग़

'मोमिन' यह शायरों का मेरे आगे रंग है
जूँ पेशे-आफ़ताब[4] हो बे-नूर[5] तर चिराग़

---

1. अग्नि-मुखी 2. मृत्यु के उपरान्त 3. क़ब्र 4. सूर्य के सामने 5. ज्योति-हीन

27

कब छोड़ते हैं उस सितम-ईजाद[1] के क़दम
सिर है हमारा और हैं जल्लाद के क़दम

क्या ठहरे फ़ौजे-ग़म के मुक़ाबिल फ़ुग़ानो-आह[2]
जमते नहीं हैं लश्करे-बरबाद के क़दम

पा-बोसे-यार[3] करते हुए खींच देवे तो—
तस्वीर मेरी चूम ले बहज़ाद[4] के क़दम

ऐ हमदमाने-बाग़, रिहा हूँ पे क्या करूँ—
उठता नहीं है कूचे से सय्याद के क़दम

सिर पर यह कोहे-ग़म गर उठाता तो बोझ से—
धस जाते बे-सतून[5] से फ़रहाद के क़दम

ख़्वाबे-अ़दम[6] हराम है याँ इन्तज़ार में
क्या सो गए अ़जल[7] तेरी बेदाद[8] के क़दम

क्या होवे दिल पे हाथ धरे से, मगर रखे—
सीने पे वो ही आ़शिक़े-नाशाद[9] के क़दम

पामाले-जहल[10] हज़रते-'मोमिन' बग़ैर हूँ
दिखलाए फिर ख़ुदा मुझे उस्ताद के क़दम

---

1. अत्याचार का आविष्कारक (प्रेमिका के लिए सम्बोधन) 2. आह, फ़रियाद 3. प्रेमिका का चरण-चुम्बन 4. एक प्रसिद्ध चित्रकार 5. ईरान का एक पहाड़ जिसे काटकर फ़रहाद ने दूध की नहर निकाली थी 6. मृत्यु की नींद 7. मृत्यु 8. अत्याचार 9. दुखी प्रेमी 10. अज्ञानता और मूर्खता से पद-दलित

28

मजलिस में ता[1] न देख सकूँ यार की तरफ़
देखे है मुझको देख के अग़ियार[2] की तरफ़

कितना शुआए-मेह्र[3] ने हैराँ किया हमें
तकते हैं कब से रौज़ने-दीवार[4] की तरफ़

वहमे-फ़ुग़ाने-ग़ैर ने सीना जला दिया
आतिश लगी थी कूचाए-दिलदार[5] की तरफ़

शामे-फ़िराक़[6], ख़्वाबे-अदम[7] का है इन्तज़ार
आँखें लगी हैं दौलते-बेदार[8] की तरफ़

उसने दिखा-दिखा के मुझे, छेड़ देखना—
गुल फेंके अन्दलीबे-गिरफ़्तार[9] की तरफ़

अब रश्के-ज़ख़्मे-यार[10] पे मुन्सिफ़[11] करें किसे
की आके मौत ने भी तो अग़ियार की तरफ़

दिल बादे-क़त्ल भी नहीं फिरता कि गोर[12] में
मुँह फिर गया है कूए-सितमगार[13] की तरफ़

काफ़िर गले लगा है तू 'मोमिन' के मत मुकर
देख अपने नक़्शे-रिश्ताए-ज़ुन्नार[14] की तरफ़

---

1. जिससे 2. अन्य व्यक्ति, ग़ैर 3. सूर्य की किरण 4. दीवार का छिद्र 5. प्रेमी की गली
6. वियोग की सांझ 7. मृत्यु की नींद 8. जाग्रत सम्पत्ति 9. बन्दी बनाई हुई बुलबुल 10. प्रेमिका
द्वारा ग़ैर को पहुँचाए जाने वाले ज़ख़्मों की ईर्षा 11. न्यायाधीश 12. क़ब्र 13. अत्याचारी (प्रेमिका)
की गली 14. यज्ञोपवीत के सम्बन्ध का चिह्न

29

आ चुके कल तुम झूठ है ऐसी बातों में हम कब आते हैं
उससे कहो जो तुमको न जाने, आप किसे फ़रमाते हैं

सोज़िशे-दिल[1] जब कहते हैं तब आँसू वो भर लाते हैं
मोम की मानिन्द आतिशे-ग़म[2] से पत्थर को पिघलाते हैं

आबो-हवाए-मुल्के-मोहब्बत[3] रास[4] नहीं है हमको तो
होते हैं लाग़िर[5] और ज़ियादह[6] जितना हम ग़म खाते हैं

किस की ख़बर अब आने की है किस लिए है यह बेताबी[7]
किस लिए हम हैं हर-दम फिरते, आते हैं और जाते हैं

शिकवा[8] क्या बेदादगरी[9] का कीजे उससे, देखो तो—
देखे है ज़ालिम ख़न्जर जब, हम ज़ख़्मे-जिगर[10] दिखलाते हैं

ख़त्ते-ग़ुलामी[11] लिखदे ग़ैरत[12] तो भी गिला[13] क्या लिखिए अब
छेड़ तो देखो, मेरा ख़त वह ग़ैरों से पढ़वाते हैं

होश गए याँ[14] दिल से पहले होवे समझ तो समझें बात
यह तो समझिये हज़रते-नासेह[15] आप किसे समझाते हैं

क्या कहें तुमसे ऐ हमदर्दो पूछो मत मुर्ग़ाने - चमन[16]
क्योंकर याँ अय्यामे-ख़िज़ाँ[17] और हिज्र[18] के दिन कट जाते हैं

---

1. हृदय की जलन 2. दुखाग्नि 3. प्रेम के देश की जलवायु 4. अनुकूल 5. कमज़ोर 6. अधिक
7. अधीरता 8. शिकायत 9. अत्याचार करना 10. हृदय का घाव 11. दासता का पत्र 12. आत्म-
सम्मान 13. शिकायत 14. यहाँ 15. नसीहत करने वाले महोदय 16. वाटिका के पक्षी 17. पतझड़
के दिन 18. विरह

कुंजे-क़फ़स[1] में बैठ के गाहे[2] रोते हैं तनहाई[3] पर
यादे-सैरे-मौसमे-गुल[4] से गाहे जी बहलाते हैं

शाम से अपने सो रहे वो तो और हम उनके कूचे में
वल्वला-हाए-शौक़[5] से क्या-क्या फिरते हैं, घबराते हैं

करते हैं आवाज़ें-ज़फ़ीरी[6], देते हैं दस्तक[7] सौ-बार
घर में पत्थर फेंकते हैं, ज़ंजीरे-दर[8] खटकाते हैं

क्या किसी बुत[9] के दिल में जगह की, कोई ठिकाना और मिला
हज़रते-'मोमिन' अब तुम्हें कुछ हम मस्जिद में कम पाते हैं

---

1. पिंजरे का एक कोना 2. कभी 3. एकाकीपन 4. मधु ऋतु के भ्रमण की स्मृति 5. प्रेम का जोश
6. सीटी की ध्वनि 7. द्वार को हाथ से थपथपाना 8. साँकल 9. मूर्ति

30

हो गई घर में ख़बर, है मनअ़[1] वाँ[2] जाना हमें
वो भी रुस्वा[3] हो, ख़ुदा! जिसने किया रुस्वा हमें

दम-ब-दम[4] रोना हमें, चारों तरफ़ तकना हमें
या कहीं आ़शिक़ हुए, या हो गया सौदा[5] हमें

हर सितम सय्याद[6] का क्या इल्तिफ़ात-आमेज़[7] था
बन्द करने को क़फ़स[8] में दाम[9] से छोड़ा हमें

यार थे या दुश्मने - जां थे इलाही[10]! चारागर[11]
ले चले मरते ही ज़िन्दाँ[12] से सुए-सहरा[13] हमें

तालए-बरगश्ता[14], बख़्ते-ख़ुफ़्ता[15] मत पूछो कि हम
ग़श[16] पड़े थे फिर गया वह जानकर सोता हमें

तू न जाने इश्क़बाज़ी और हम नादान हों
बे-समझ कहता है नासेह[17], तूने क्या समझा हमें

यह सितम क्या ग़ैर पर करता वो, सच पूछो तो है—
यार[18] के नाज़े-बजा[19] से शिकवाए-बेजा[20] हमें

क्या कहें क्यों रह गए हैरान तुमको देखकर
आ गया दिल याद ऐ आईना-रू[21], अपना हमें

---

1. वर्जित 2. वहाँ 3. अपमानित 4. प्रतिक्षण 5. पागलपन 6. पक्षी पकड़ने वाला 7. कृपा से परिपूर्ण
8. पिंजरा 9. जाल 10. हे ईश्वर! 11. उपचार करने वाले 12. कारागार 13. जंगल की ओर
14. फिरा हुआ भाग्य 15. सोया हुआ भाग्य 16. मूच्छिर्त 17. नसीहत करने वाला 18. प्रेमिका
19. उचित नखरा, घमंड 20. अनुचित आरोप, शिकायत 21. जिसका मुख दर्पण जैसा है

दस्त-बोसी[1] पर करो हां क़त्ल अपने हाथ से
सच तो कहते हैं क़ुबूल[2] इन्साफ़[3] ग़ैरों का हमें

'मोमिन' उनका तो न था मिलने में आख़िर इख़्तियार[4]
यह शिकायत भी ख़ुदा से है, बुतों से क्या हमें

---

1. हस्त-चुम्बन 2. स्वीकार 3. न्याय 4. सामर्थ्य

31

न तन ही के तेरे बिस्मिल[1] के टुकड़े-टुकड़े हैं
है पाश-पाश[2] जिगर[3], दिल के टुकड़े-टुकड़े हैं

जुनूने-इश्क़े-परी-रूए-दिलशिकन[4]   है   बला[5]
कि रोज़ तौक़ो-सलासिल[6] के टुकड़े-टुकड़े हैं

उठा के सोते में दे पटका रात सर शायद
कि ज़ेर[7] सिर के मेरे सिल[8] के टुकड़े-टुकड़े हैं

दराज़-दस्ती[9] यह किस बे-अदब[10] ने की दमे-क़त्ल[11]
तमाम   दामने-क़ातिल[12]   के   टुकड़े-टुकड़े   हैं

यहाँ है चाक गरेबाँ[13] तो वाँ भी चुस्ती[14] से
क़बाए-शोख़-शमाइल[15]   के   टुकड़े-टुकड़े   हैं

यह बे-हिजाबी[16] बुरी गो[17] मुझी को झाँको तुम
कि रोज़ पर्दाए-हाइल[18] के टुकड़े-टुकड़े हैं

कहे न मिलने की उस संग-दिल[19] के गर क़ासिद[20]
तो संगो-सर[21] अभी याँ[22] मिलके टुकड़े-टुकड़े हैं

---

1. आहत 2. खण्ड-खण्ड 3. कलेजा 4. हृदय को भग्न करने वाली अप्सरामुखी के प्रेम का उन्माद
5. विपत्ति 6. गले की लोहे की जंजीर और शृंखलाएँ 7. नीचे 8. पत्थर की सिल 9. हाथ बढ़ाना
10. अशिष्ट 11. हत्या के समय 12. हत्यारे (प्रेमिका) का दामन 13. गले के ऊपर का भाग
14. फँसाव 15. सुन्दर चंचला का वस्त्र-विशेष 16. पर्दा न करना 17. चाहे 18. बीच में रहने
वाला आवरण 19. पाषाण-हृदय 20. सन्देशवाहक 21. पत्थर और सिर 22. यहाँ

न क्योंकि रश्क[1] से ख़ूं हो किसी का उस दर पर
हमेशा इक नए बिस्मिल के टुकड़े-टुकड़े हैं

यह किसके चश्मे-फ़ुसूंगर[2] ने की फ़ुसूंसाज़ी[3]
तिलिस्मे-जादुए-बाबल[4] के टुकड़े-टुकड़े हैं

ग़ज़ल-सराई[5] की 'मोमिन' ने क्या, कि रश्क से आज
चमन में सीने-अनादिल[6] के टुकड़े-टुकड़े हैं

---

1. ईर्षा 2. जादू करने वाले नैन 3. जादूगरी 4. एक प्राचीन नगर के जादू का चमत्कार 5. ग़ज़ल
कहना 6. बुलबुल का सीना

32

दिखाते आईना हो और मुझ में जान नहीं
कहोगे फिर भी कि मैं तुझ-सा बदगुमान[1] नहीं

तेरे फ़िराक़[2] में आराम एक आन[3] नहीं
यह हम समझ चुके गर तू नहीं तो जान नहीं

न पूछो कुछ मेरा अहवाल[4] मेरी जाँ मुझ से
यह देख लो कि मुझे ताक़ते-बयान[5] नहीं

यह गुल[6] हैं दाग़े-जिगर[7] के इन्हें समझ कर छेड़
यह बाग़ सीनाए-आ़शिक़[8] है, गुल्सितान[9] नहीं

न चाहूँ रोज़े-जज़ा[10] दाद[11], यह सितम देखो
कब आज़माते हैं जब वक़्ते-इम्तिहान[12] नहीं

न पूछे हाल तू जब तक मेरा, बयां[13] न करूँ
मेरी ज़बान नहीं, गर तेरे दहान[14] नहीं

ज़िबस[15] कि देर लगी नामाबर[16] को, ढूंढते हम—
अ़दम[17] में जाते हैं गो[18] पांव का निशान नहीं

शबे-फ़िराक़[19] में पहुँची न दिल से जान तलक
कहीं अजल[20] भी तो मुझसी ही नातवान[21] नहीं

---

1. सन्देहशील 2. वियोग 3. पल 4. स्थिति, अवस्था 5. अभिव्यक्ति की शक्ति 6. पुष्प 7. हृदय
के दाग़ 8. प्रेमी का सीना 9. बाग़ 10. वह दिन जब अल्लाह अच्छे-बुरे कर्मों का फल देगा
11. न्याय 12. परीक्षा का समय 13. व्यक्त 14. मुँह 15. केवल 16. पत्र-वाहक 17. मृत्युलोक
18. यद्यपि 19. वियोग-रात्रि 20. मृत्यु 21. दुर्बल

वह हाल पूछे हैं, मैं चश्मे-सुर्मगीं[1] को देख
यह चुप हुआ हूँ कि गोया[2] मेरी ज़बान नहीं[3]

निकल के दैर[4] से मस्जिद में जा रहे ऐ 'मोमिन'
ख़ुदा का घर तो है तेरे अगर मकान नहीं

---

1. सुर्मा भरी आँख 2. जैसे 3. सुर्मा ख़ा लेने से कण्ठ अवरुद्ध हो जाता है 4. मन्दिर

33

चैन आता ही नहीं सोते हैं जिस पहलू[1] हमें
इज़्तराबे – दिल[2], ग़रज़ जीने न देगा तू हमें

लुत्फ़[3] से होती है क्या-क्या बे-क़रारी[4] बिन जफ़ा[5]
तेरी बद-ख़ूई[6] ने ज़ालिम कर दिया बद-ख़ू[7] हमें

देखते ही गुल[8] नज़र में तेरा हँसना फिर गया
आतिशे-गुल[9] ने लगाई आग ऐ गुल-रू[10] हमें

क्या असर[11] था अश्के-दुश्मन[12] में जो कूए-यार[13] से
मारे ग़ैरत के बहाकर ले चले आँसू हमें

गेसू-ओ-ख़ालो-ख़त[14] अपना दीनो-ईमाँ[15] ले गए
मिलके इक-दो काफ़िरों ने कर दिया हिन्दू हमें

होश क्यों जाते रहे और दम हवा क्यों हो चला
तुझसे ऐ बादे-सबा[16], आई यह किसकी बू[17] हमें

क्या बला! उस जुल्फ़े-ख़ुशख़म[18] का तसव्वुर बंध गया
साँप-से दिन-रात आते हैं नज़र हर-सू हमें

बाइसे-बेताबिए-आलम[19],   निगाहे-यास[20]   है
चश्मे-जादूगर[21] ने यह सिखला दिया जादू हमें

---

1. करवट 2. हृदय की अधीरता 3. दया, कृपा 4. अधीरता 5. बिना सख़्ती और अत्याचार के
6. बुरा स्वभाव 7. बुरे स्वभाव वाला 8. पुष्प 9. पुष्पाग्नि 10. पुष्पमुखी 11. प्रभाव 12. शत्रु के
आँसू 13. प्रेमिका की गली 14. बालों की लट, तिल और यौवनावस्था में चेहरे पर आने वाला
रुआँ 15. दीन और धर्म 16. प्रात:कालीन वायु 17. गन्ध 18. वे अलकें जिनमें सुन्दर बल पड़े हों
19. संसार की अधीरता का कारण 20. निराशा की दृष्टि 21. जादूगर की आँख

दूदे-शम्मे-बज़्म[1] ने दिल फूंक कर उफ़ कर दिया
क्या दिलाई याद वह ज़ुल्फ़े-ख़मीदा-मू[2] हमें

गर यही शौक़े-शहादत[3] है तो 'मोमिन' जी चुके
मार डाले काश कोई काफ़िरे-दिल-जू[4] हमें

---

1. महफ़िल की मोमबत्ती का धुआँ 2. बल पड़ी हुई ज़ुल्फ़ 3. प्राणोत्सर्ग की लालसा 4. हृदय को लुभाने वाला काफ़िर

34

याद उसकी गर्मिए-सोहबत[1] दिलाती है बहार
आतिशे-गुल[2] से मेरा सीना जलाती है बहार

कोहो-सहरा[3] में पए-फ़रहत[4] फिराती है बहार
मैं तो क्या उनको भी दीवाना बनाती है बहार

खिल चुकी नर्गिस[5] कि शर्माई ही जाती है बहार
देखकर उसकी बहार, आँखें चुराती है बहार

आमद-आमद[6] है चमन में किस समन-अन्दाम[7] की
सब्ज़ाए-ख़्वाबीदा[8] से मख़मल बिछाती है बहार

इम्तियाज़े-दिलदही-ओ-दिलबरी[9] में फ़र्क़[10] है
तुमको भाती है ख़िज़ाँ[11] और हमको भाती है बहार

महवे-हैरत[12] को विसालो-हिज्र[13] दोनों एक हैं
बुलबुले-तस्वीर[14] को कब याद आती है बहार

मेरी ज़िद[15] से ग़ैर पर तेरी इनायत[16] देख कर
सब्ज़ाए-बेगाना[17] के क़ुर्बान[18] जाती है बहार

---

1. संगत की उग्रता 2. पुष्पाग्नि 3. पर्वत और जंगल 4. आनन्द के लिए 5. एक फूल जिससे आँख की उपमा दी जाती है 6. आगमन 7. चमेली जैसे शरीर वाली 8. सुप्त और बिना हिलने-डुलने वाली हरियाली 9. हृदय लेने और हृदय देने में जो अन्तर है उसकी पहचान 10. अन्तर 11. पतझड़ 12. अचम्भे में लीन 13. मिलन और बिछोह 14. तस्वीर में बनी हुई बुलबुल 15. हठ 16. कृपा 17. पराई हरियाली 18. बलिहारी

है ख़िज़ाँ में भी वही जोशे-जुनूँ[1], क्या हो गया—
अब कहीं पास अपने हमको ही बुलाती है बहार

ग़ुन्चा-हाए-आरज़ूए-'मोमिन'[2] अब खिलने को है
ख़ैर-मक़दम[3], गुलशने-ईमाँ[4] में आती है बहार

---

1. उन्माद का आवेग 2. मोमिन की अभिलाषा की कलियाँ 3. स्वागत 4. ईमान की वाटिका

35

है चश्म[1] बन्द फिर भी हैं आँसू रवां[2] हनोज़[3]
जी सर्द[4] हो गया है व-ले[5] दिल तपां[6] हनोज़

यह दिन दिखाए हैं शबे-फ़ुर्क़त[7] ने हमको, और—
वह रश्के-आफ़ताब[8] नहीं मेहरबां[9] हनोज़

मर भी गए जुदाई में पर्दानशीं के, पर—
आया नहीं ज़बान पर दर्दे-निहां[10] हनोज़

हम तीरा-बख़्त[11], ख़ाक में भी मिल गए व-ले—
कुछ कम नहीं ग़ुबारे-दिले-आसमां[12] हनोज़

यां इम्तहाने-मर्ग[13] से फ़ारिग़[14] हुए हैं यार[15]
वां अपने ही पे मरने का है इम्तहां हनोज़

रोज़े-जज़ा[16] न क़त्ल का इन्कार पर कि है—
दामन[17] पे तेरे, मेरे लहू का निशां हनोज़

यां अपना उनकी चाह में मरना यक़ीं[18] हुआ
वां और ही के चाहने का है गुमां[19] हनोज़

बाग़े-जहाँ[20] में गो[21] महे-ख़ुरदाद[22] आ गया
यां है उसी बहार पे फ़स्ले-ख़िज़ां[23] हनोज़

'मोमिन' तो मुद्दतों[24] से हुए पर ब-क़ौले-'दर्द'[25]
दिल से नहीं गया है ख़याले-बुतां[26] हनोज़

---

1. आँख 2. प्रवाहित 3. अभी तक 4. शीतल 5. किन्तु 6. हृदय में गर्मी है 7. वियोग की रात
8. सूर्य की ईर्षा का विषय (प्रेमिका) 9. कृपालु 10. छिपी वेदना 11. बुरे भाग्य वाले
12. आकाश के हृदय की धूल 13. मृत्यु की परीक्षा 14. किसी कार्य की समाप्ति के उपरान्त छुटकारा
15. मित्रगण 16. वह दिन जब अल्लाह कर्मानुसार फल देगा 17. आँचल 18. विश्वास 19. सन्देह
20. संसार की वाटिका 21. यद्यपि 22. बहार का अरबी महीना 23. पतझड़ की ऋतु 24. दीर्घ-काल
25. 'दर्द' (एक प्रसिद्ध शायर) के कथनानुसार 26. मूर्तियों का ध्यान

36

नाला[1] ही निकले है गो[2] हम मुद्आ[3] कहने को हैं
लब[4] नहीं कहने में अब, क्या जाने क्या कहने को हैं

तेरी तेग़ो-दश्ना[5] के क्यों लब पे छाले पड़ गए
गर्म-ख़ूनी[6] का मेरी क्या माजरा[7] कहने को हैं

दोस्त करते हैं मलामत[8], ग़ैर करते हैं गिला[9]
क्या क़यामत है मुझी को सब बुरा कहने को हैं

जल गया दिल तो भी उठता है धुआं सिर से कि अब—
मर्सिया[10] हम इस चिराग़े-कुश्ता[11] का कहने को हैं

एक दिन को तो ज़बाने-शो'ला-दोज़ख़[12] क़र्ज़ दे
क़िस्साए-शबहाए-ग़म[13] रोज़े-जज़ा[14] कहने को हैं

मैं गिला करता हूँ अपना, तू न सुन ग़ैरों की बात
हैं यही कहने को वो भी और क्या कहने को हैं

वो नहीं आते न आवें, तू तो ज़ालिम मर्ग[15] आ
यां लबे-शौक़ो-तमन्ना[16] मर्हबा[17] कहने को हैं

तेग़े-ग़म्ज़ा[18] को लगाले जल्द संगे-सुर्मा[19] पर
हर्फ़े-मतलब[20] आरज़ू-मन्दे-जफ़ा[21] कहने को हैं

हो गए नामे-बुतां[22] सुनते ही 'मोमिन' बेक़रार[23]
हम न कहते थे कि हज़रत पारसा[24] कहने को हैं

---

1. विलाप 2. यद्यपि 3. अभिप्राय 4. अधर 5. तलवार और खंजर 6. रक्त की उष्णता 7. कथा, वृत्तान्त 8. फटकार 9. शिकायत 10. मृत व्यक्ति की शान में कही जाने वाली कविता 11. वह दीपक जो जल चुका हो 12. वह जिह्वा जिससे नरक की-सी ज्वाला प्रकट हो 13. वेदना की रातों की कहानी 14. वह दिन जब कर्मों का फल मिलेगा 15. मृत्यु 16. कामना और लालसा के अधर 17. शाबाश 18. भौंहों के संकेत की तलवार 19. सुर्मे का पत्थर 20. अभिप्राय के शब्द 21. अत्याचार के इच्छुक 22. मूर्तियों का नाम 23. अधीर 24. परहेज़गार

37

मोमिन![1] ख़ुदा के वास्ते ऐसा मकाँ[2] न छोड़
दोज़ख़[3] में डाल ख़ुल्द[4] को, कूए-बुतां[5] न छोड़

आशिक़ तो जानते हैं वो ऐ दिल, यही सही
हरचन्द बे-असर[6] है पर आहो-फ़ुग़ां[7] न छोड़

नाचार[8] देंगे और किसी ख़ूब-रू[9] को दिल
अच्छा तू अपनी ख़ूए-बद[10], ऐ बद-ज़बां[11] न छोड़

ज़ख़्मी किया अ़दू[12] को तो मरना मुहाल[13] है
कुर्बान[14] जाऊँ तेरे, मुझे नीम-जाँ[15] न छोड़

कुछ-कुछ दुरुस्त ज़िद[16] से तेरी हो चले हैं वो
यकचन्द[17] और कजरवी[18] ऐ आस्मां न छोड़

जिस कूचे में गुज़ार[19] सबा[20] का न हो सके
ऐ अ़न्दलीब[21], उसके लिए गुलिस्तां[22] न छोड़

गर फिर भी अश्क़[23] आयें तो जानूँ कि इश्क़ है
हुक़्क़े का मुँह से ग़ैर की जानिब[24] धुआं न छोड़

होता है इस हजीम[25] से हासिल[26] विसाले-हूर[27]
'मोमिन' अजब बहिश्त[28] है, दैरे-मुग़ां[29] न छोड़

---

1. पवित्र और एकेश्वरवादी 2. घर 3. नरक 4. स्वर्ग 5. वह गली जहाँ मूर्तियाँ रहती हों
6. जिसका प्रभाव न हो 7. आह और फ़रियाद 8. मजबूर होकर 9. सुन्दरी 10. बुरा स्वभाव
11. बुरी वाणी वाला (प्रेमिका को सम्बोधन) 12. शत्रु 13. कठिन 14. बलिहारी 15. अर्ध-जीवित
16. हठ 17. तनिक-सी 18. टेढ़ी चाल 19. पहुँच 20. वायु 21. बुलबुल 22. वाटिका 23. आँसू
24. ओर 25. नरक 26. प्राप्त 27. हूरों का मिलन 28. स्वर्ग 29. अग्नि-पूजकों का वह स्थान
जहाँ हर समय आग जलती रहती है

38

हिजरां[1] का शिक्वा[2] लब[3] तलक आया नहीं हनोज़[4]
लुत्फ़े-विसाल[5] ग़ैर ने पाया नहीं हनोज़

ऐ जज़्बे-दिल[6], वह शोख़े-सितमगर[7] तो यक-तरफ़[8]
पैग़ाम लेके भी कोई आया नहीं हनोज़

जा चुक, ख़ुदा के वास्ते ऐ मौसमे-बहार
ख़ाके-अ़दू[9] पे फूल वह लाया नहीं हनोज़

यक-चन्द[10] और काहिशे-ग़म[11] चश्मे-इल्तिफ़ात[12]—
मैं यार की नज़र में समाया नहीं हनोज़

वाइज़[13] हमारे सामने करता है वस्फ़े-हूर[14]
समझा है उसने जल्वा[15] दिखाया नहीं हनोज़

क्योंकर मुझे गुनाहे-जुलेख़ा[16] यक़ीन आए
दामन को तेरे हाथ लगाया नहीं हनोज़

नासेह[17] रक़ीब[18] से है बद-आमोज़-तर[19] कहीं
पर मैंने तेरा हाल सुनाया नहीं हनोज़

अब की वुफ़ूरे-इश्क़े-सनम[20] में है गुफ़्तगू[21]
'मोमिन' वह लब पे हाय-ख़ुदाया[22]! नहीं हनोज़

---

1. विरह 2. शिकायत 3. होंठ 4. अभी तक 5. मिलन का आनन्द 6. हृदय के भाव 7. अत्याचारी चंचला 8. एक ओर 9. शत्रु की क़ब्र 10. तनिक-सा 11. वेदना की कमी 12. दया-दृष्टि 13. धर्मोपदेशक 14. स्वर्ग में रहने वाली सुन्दरियों का वर्णन 15. झलक 16. मिश्र की रानी जुलेख़ा का अपराध जिसने हजरत यूसुफ़ का कुर्ता पकड़कर, प्रेमवश उन्हें अपनी ओर खींचा था। 17. नसीहत करने वाला 18. शत्रु 19. बुरी सलाह देने वाला 20. मूर्ति (प्रेमिका) के प्रेम की अधिकता 21. वार्ता 22. हाय-रे ईश्वर!

39

है जल्वा-रेज़[1] नूरे-नज़र[2] गर्दे-राह[3] में
आँखें हैं जिसकी फ़र्श तेरी जल्वा-गाह[4] में

क्या रहम खाके ग़ैर ने दी थी दुआए-वस्ल[5]
ज़ालिम! कहां वगरना[6] असर मेरी आह में

मत कीजो देर आने में, क्या जाने क्या बने
फेंका है जज़्बे-शौक़[7] ने यूसुफ़[8] को चाह में

जाने दे चारागर[9], शबे-हिजरां[10] में मत बुला
वो क्यों शरीक हो मेरे हाले-तबाह[11] में

इस मुँह पे उससे दावाए-हुस्न[12], इक ज़रा नहीं
ऐ मेहर[13], रोशनी मेरे रोज़े-सियाह[14] में

शीरीं पे ताअ्ने-तल्ख़िए-फ़रहाद[15] किस लिए
मुझको भी कुछ मज़ा न मिला तेरी चाह में

है दोस्ती तो जानिबे-दुश्मन[16] न देखना
जादू भरा हुआ है तुम्हारी निगाह में

---

1. प्रकाश फैलाने वाली 2. नेत्र-ज्योति 3. राह की धूलि 4. वह स्थान जहाँ से प्रेमिका झलक दिखाए 5. मिलन की दुआ 6. अन्यथा 7. लालसा की भावना 8. मिश्र के एक पैग़म्बर जिन्हें मिश्र की रानी जुलेख़ा ने मिलन की लालसा के कारण अपनी ओर इस प्रकार खींचा कि वह शीघ्रता में कुएँ में गिर पड़े थे। 9. उपचार करने वाला 10. विरह की बात 11. विनाश की अवस्था 12. सौन्दर्य का दावा 13. सूर्य 14. अन्धकारयुक्त दिवस (दुर्भाग्य) 15. फ़रहाद को प्रेम में मिली कड़वाहट का उलाहना 16. शत्रु की ओर

ज़ालिम! वह बे-वफ़ा[1] है अदू[2], जिसके रश्क[3] से
इतना कुछ आ गया ख़लल[4] अपने निबाह में

'मोमिन' को सच है दौलते-दुनिया-ओ-दीं[5] नसीब[6]
शब[7] बुत-कदे[8] में गुज़रे है, दिन ख़ानक़ाह[9] में

---

1. प्रणय-सम्बन्ध न निबाहने वाला 2. शत्रु 3. ईर्षा 4. ख़राबी 5. संसार और धर्म का ऐश्वर्य एवं वैभव 6. प्राप्त 7. रात 8. मूर्ति-स्थान 9. मुसलमान साधुओं का मठ

40

करता है क़त्ले-आम[1] वह अग़ियार[2] के लिए
दस-बीस रोज़ मरते हैं, दो-चार के लिए

दिल, इश्क़[3] तेरी नज़र[4] किया, जान क्योंके दूं
रक्खा है उसको हसरते-दीदार[5] के लिए

क़त्ल[6] उसने जुर्मे-सब्रे-जफ़ा[7] पर किया मुझे
यह ही सज़ा थी ऐसे गुनहगार[8] के लिए

ले तू ही भेज दे कोई पैग़ामे-तल्ख-आब[9]
तजवीज़े-ज़हर[10] है तेरे बीमार के लिए

आता नहीं है तू तो निशानी ही भेज दे
तस्कीने-इज़्तराबे-दिले-ज़ार[11]   के   लिए

क्या दिल दिया था इसलिए मैंने तुम्हें कि तुम
हो जाइयो अ़दू[12] मेरे, अग़ियार के लिए

जी में है मोतियों की लड़ी उसको भेज दूँ
इज़हारे-हाले-चश्मे-गुहर-बार[13]   के   लिए

देता हूँ अपने लब[14] को भी गुल-बर्ग[15] से मिसाल
बोसे[16] जो ख़्वाब[17] में तेरे रुख़सार[18] के लिए

---

1. सार्वजनिक हत्या-काण्ड 2. 'ग़ैर' का बहुवचन 3. प्रेम 4. अर्पण 5. दर्शन की अभिलाषा
6. हत्या 7. अत्याचार पर सन्तोष करने का अपराध 8. अपराधी 9. कड़वाहट में डूबा
हुआ सन्देश 10. विष देने का परामर्श 11. अधीर हृदय की सान्त्वना के लिए 12. शत्रु
13. मोतियों से रोती आँख की स्थिति का वर्णन 14. होंठ 15. फूल की पत्ती 16. चुम्बन
17. स्वप्न 18. कपोल

जीना उमीदे-वस्ल[1] पे हिजरां[2] में सहल[3] था
मरता हूँ ज़िन्दगानिए-दुश्वार[4] के लिए

'मोमिन' को तो न लाए कहीं दाम[5] में वह बुत[6]
ढूँढे है तार सब्हा[7] के ज़ुन्नार[8] के लिए

---

1. मिलन की आशा 2. विरह 3. सरल 4. कठिन और असह्य जीवन 5. जाल 6. मूर्ति (प्रेमिका)
7. वह माला जिसे मुसलमान फेरते हैं 8. यज्ञोपवीत

41

बज़्म[1] में उसकी बयाने-दर्दो-ग़म[2] क्योंकर करें
वो ख़फ़ा[3] जिस बात से होवे वो हम क्योंकर करें

मुझपे बादे-इम्तिहां[4] भी जौर[5] कम क्योंकर करें
वह सतायें ग़ैर को ऐसा सितम क्योंकर करें

लिखते-लिखते ही सियाही हर्फ़[6] से उड़ जाए है
हाय अहवाले-दिले-मुज़्तर[7] रक़म[8] क्योंकर करें

देख लेवे अक़्से-रुख़[9] तो क्या बने फिर देख तू
गिरिया[10] उसके सामने ऐ चश्मे-नम[11], क्योंकर करें

इज़तराबे-शौक़[12]! शायद ग़ैर उसके पास हो
जानिबे-चिलमन[13] नज़ारा[14] दम-ब-दम क्योंकर करें

देख पेचो-ताबे-सुम्बल[15] हो गया दिल बे-क़रार
अब निहां[16] सौदाए-ज़ुल्फ़े-ख़म-ब-ख़म[17] क्योंकर करें

जब दिले-अग़ियार[18] ख़ूं[19] होकर मिज़ा[20] तक आ गया
फिर लिहाज़े-ग़म्ज़ए-शमशीर-दम[21] क्योंकर करें

सबको होता है जहाँ[22] में पास[23] अपने नाम का
हम भी तो 'मोमिन' हैं, दिल नज़्रे-सनम[24] क्योंकर करें

---

1. महफ़िल 2. दर्द और वेदना की अभिव्यक्ति 3. रुष्ट 4. परीक्षोपरान्त 5. अत्याचार
6. अक्षर 7. अधीर हृदय का हाल 8. लेखन 9. चेहरे का प्रतिबिम्ब 10. रुदन 11. भीगी आँख
12. लालसा की अधीरता 13. तीलियों से निर्मित पर्दे की ओर 14. अवलोकन 15. बालछड़ का घुमाव-
फिराव, (बालछड़ के रेशे सुगन्धित केशों जैसे होते हैं) 16. छिपाव 17. घुंघराली अलकों के प्रति
उन्माद 18. ग़ैर का हृदय 19. खून 20. पलकें 21. तलवार की भाँति काट करने वाली आँख का लिहाज़
22. संसार 23. ध्यान 24. मूर्ति (प्रेमिका) के अर्पण

42

मैं हलाके-इश्तियाक़े-तर्ज़े-कुश्तन[1] हो गया
दोस्ती क्या की कि अपना आप दुश्मन हो गया

धो दिया अश्के-नदामत[2] ने गुनाहों[3] को मेरे
तर हुआ दामन तो बारे-पाक-दामन[4] हो गया

कौन-सा गुज़रा यहाँ से शह-सवारे-नाज़नीं[5]
सब्ज़ाए-तुर्बत[6] मेरा पामाले-तौसन[7] हो गया

ज़ख़्मे-नौ[8] भी मरहमे-ज़ख़्मे-कुहन[9] है चारागर[10]
बन्द तीरे-यार[11] से सीने का रौज़न[12] हो गया

नीम-जल्वा[13] को भी वो कहते हैं अब बे-पर्दगी
जिस्मे-काहीदा[14] यह किसका सर्फ़े-चिलमन[15] हो गया

बसकि मैं सारे बरस रोता रहा ग़म में तेरे
जेठ और बैसाख का भी चाँद सावन हो गया

और की चाहत का तूने जब किया मुझ पर ख़याल
तब मुझे भी तुझसे वहमे-रब्ते-दुश्मन[16] हो गया

साफ़ था तू जब तलक मुझसे तो मैं भी साफ़ था
बद-गुमानो[17] से तेरी अब मैं भी बद-ज़न[18] हो गया

'मोमिने'-दींदार[19] ने की बुत-परस्ती[20] इख़्तियार[21]
एक शैख़े-वक़्त[22] था सो भी बिरहमन[23] हो गया

---

1. मार डालने के ढंग की लालसा से मृत 2. लज्जा के आँसू 3. अपराधों 4. पवित्रता से बोझल
5. अश्वारोही अभिमानिनी 6. क़ब्र पर उगी हुई वनस्पति 7. घोड़े से पद-दलित 8. नया घाव
9. पुराने घाव का मरहम 10. उपचारक 11. प्रेमिका का बाण 12. छिद्र 13. आधी झलक
दिखाना 14. घटा हुआ शरीर 15. पार-दर्शक पर्दे के लिए ख़र्च 16. शत्रु से मेल-जोल का सन्देह
17. सन्देह 18. बुरा विचार रखने वाला 19. धर्मशील मोमिन 20. मूर्ति-पूजा 21. ग्रहण 22. समय
का बुजुर्ग (मुसलमान) 23. ब्राह्मण (मूर्ति-पूजक)

43

हम जान फ़िदा[1] करते, गर वादा-वफ़ा[2] होता
मरना ही मुक़द्दर[3] था, वो आते तो क्या होता

इस हुस्न पे ख़िलवत[4] में जो हाल किया कम था
क्या जानिए क्या करता गर तू मेरी जाँ[5] होता

एक-एक अदा सौ-सौ देती है जवाब उसके
क्योंकर लबे-क़ासिद[6] से पैग़ाम[7] अदा[8] होता

अच्छी है वफ़ा मुझसे, जलते हैं जलें दुश्मन
तुम आज हुआ समझो जो रोज़े-जज़ा[9] होता

जन्नत की हविस वाइज़[10] बेजा[11] है कि आ़शिक़ हूँ
हाँ, सैर में जो लगता गर दिल न लगा होता

इस तल्ख़िए-हसरत[12] पर क्या चाशनिए-उल्फ़त[13]
कब हमको फ़लक[14] देता गर ग़म में मज़ा होता

है सुलहे-अ़दू[15] बेहज़[16], थी जंग[17] ग़लत-फ़हमी[18]
जीता है तो आफ़त है, मरता तो बला[19] होता

ऐ बे-ख़ुदीए-दायम[20], क्या शिक्वा[21] तग़ाफुल[22] का
जब मैं न हुआ अपना, क्योंकर वो मेरा होता

---

1. लुटाना 2. वचन को निबाहने वाला 3. भाग्य में 4. अकेलापन 5. जगह 6. सन्देशवाहक के अधर 7. सन्देश 8. व्यक्त 9. वह दिन जब प्रलयोपरान्त मनुष्यों को कर्मफल मिलेगा 10. धर्मोपदेशक 11. अनुचित 12. अभिलाषा की कड़वाहट 13. प्रेम की मिठास 14. आकाश, जो अत्याचारी है 15. शत्रु से सन्धि 16. बेमज़ा 17. झगड़ा 18. नादानी 19. विपत्ति 20. सदैव रहने वाली आत्मविस्मृति 21. शिकायत 22. उपेक्षा

अच्छी मेरी बदनामी थी या तेरी रुसवाई[1]
गर छोड़ न देता मैं, पामाले-जफ़ा[2] होता

हम बन्दगिए-बुत[3] से होते न कभी काफ़िर[4]
हर जो पे[5] गर ऐ 'मोमिन' मौजूद ख़ुदा होता

---

1. बदनामी 2. अत्याचार से दलित 3. मूर्ति-वन्दना 4. अधर्मी 5. सर्वत्र

44

बे-मुरौवत[1]! नातवाँ[2] हैं, हँस दे रोता देखकर
दिल दिया मैंने उसे क्या जानिए क्या देखकर

क़ैस[3] की दीवानगी में अक़्ल क्या हैरान है
मुझको वहशत[4] हो गई तस्वीरे-लैला[5] देखकर

चश्मे-नर्गिस[6] बद-नज़र[7] है और गुल[8] बे-ए'तबार[9]
बे-वफ़ा! सैरे-गुलिस्तां[10] क्या करेगा देखकर

ख़ाक[11] में क्योंकर न लोटूं, बंध गया सौदे[12] में ध्यान
उसके सहने-ख़ाना[13] का पहनाए-सहरा[14] देखकर

ताश[15] का हमदम[16] कफ़न लाना कि बस मैं मर गया
चिलमनों से जल्वाए-ख़ुरशीद-सीमा[17] देखकर

याद आया सूए-दुश्मन[18] उसका जाना गर्म-गर्म[19]
पानी-पानी हो गया मैं मौजे-दरिया[20] देखकर

उसके हटते ही अँधेरा आ गया ऐसा कि बस
गिर पड़ा मैं रौज़ने-दीवार[21] को वा[22] देखकर

---

1. सम्बोधन प्रेमिका को 2. निर्बल, अशक्त 3. मजनूं का नाम 4. जंगलीपन 5. लैला का चित्र
6. एक पुष्प विशेष की आँख 7. कुदृष्टि वाली 8. पुष्प 9. विश्वास के अयोग्य 10. वाटिका का
भ्रमण 11. धूलि 12. उन्माद 13. घर का सहन, आंगन 14. विस्तार 15. गोटे के तार और रेशम
से बुना वस्त्र 16. साथी, मित्र 17. सूर्य की ज्योति जैसी प्रेमिका की झलक 18. शत्रु की ओर
19. तीव्र गति से 20. सरिता की लहरें 21. दीवार का छिद्र 22. खुला हुआ

दुश्मनी देखो कि ता उल्फ़त[1] न आ जाए कहीं
ले लिया मुँह पर दुपट्टा हाल मेरा देखकर

क्या तमाशा था झपकना आँख का बे-इख़्तियार[2]
आईने[3] को हाथ से उसने न छोड़ा देखकर

कर लिया ख़ाक आपको उस बुत[4] के दर[5] पर हाय-हाय
जल गया जी, लाश को 'मोमिन' की जलता देखकर

---

1. प्रेम, लिहाज़ 2. स्वत: 3. दर्पण 4. मूर्ति (प्रेमिका) 5. द्वार

45

रोज़ होता है बयां[1] ग़ैर का, अपना इख़्लास[2]
चश्मे-बद-दूर[3]! तुम्हें हमसे भी है क्या इख़्लास

ग़ैर से लुत्फ़[4] की बातें हैं मेरे छेड़ने को
दुश्मनी कहते हैं जिसको, वो तुम्हारा इख़्लास

हम यहाँ सूरए-इख़्लास[5] का पढ़ते हैं अमल[6]
और बढ़ता है वहाँ ग़ैर से उसका इख़्लास

मुझ से मिल, वर्ना रक़ीबों से मैं सब कह दूंगा
दुश्मनी अब की तेरी, और वह पहला इख़्लास

जुम्बिशे-लब[7] की तेरे पूछने को कैफ़ीयत[8]
तेरे बीमार से करता है मसीहा[9] इख़्लास

उस सितमगर ने बनावट की लगावट भी न की
हाय क़िस्मत! मेरे कुछ काम न आया इख़्लास

चाहता है कि दिल उस 'तंग-क़बा'[10] से फट जाए
मेरे नासेह[11] का है दुनिया से निराला इख़्लास

अब उन्हें लिखते हैं हम ख़त में सरासर दुश्मन
जिसको लिखते थे सदा यारे-सरापा-इख़्लास[12]

---

1. वर्णन 2. मित्रता 3. परमात्मा तुम्हें बुरी नज़र से बचाए! 4. कृपा 5. मित्रता का अध्याय
6. किसी कार्य की सफलता के लिए की जाने वाली तान्त्रिक क्रिया 7. अधर का हिलना 8. स्थिति
9. चिकित्सक 10. तंग पोशाक (सम्बोधन प्रेमिका को) 11. नसीहत करने वाला 12. सिर से
पैर तक मित्रता की मूर्ति

मौत भी आ न फिरी पास हमारे शबे-हिज्र[1]
सच तो यह है कि बुरे वक़्त में कैसा इख़्लास

'मोमिन' इन ज़हदे-रियाई[2] से भी बद-तर[3] है
उस बुते-दुश्मने-ईमां[4] से हमारा इख़्लास

---

1. वियोग की रात 2. झूठी पवित्रता 3. अधिक बुरा 4. वह मूर्ति जो ईमान की शत्रु हो

46

मैंने तुमको दिल दिया, तुमने मुझे रुसवा[1] किया
मैंने तुमसे क्या किया और तुमने मुझसे क्या किया

कुश्ताए-नाज़े-बुताँ[2] रोज़े-अज़ल[3] से हूँ, मुझे
जान खोने के लिए अल्लाह ने पैदा किया

रोज़ कहता था कहीं मरता नहीं, हम मर गए
अब तो ख़ुश हो बे-वफ़ा[4] तेरा ही ले कहना किया

रोइए क्या बख़्ते-ख़ुफ़्ता[5] को कि आधी रात से
मैं इधर रोया किया और वो वहाँ सोया किया

आँख आ़शिक़ की कोई फिरती है ऐ वादा-ख़िलाफ़[6]
देख ले मैं मरते-मरते सूए-दर[7] देखा किया

चारागर[8] काबे[9] में उसके आस्ताँ[10] से ले गए
एक भी मेरी न मानी लाख सर पटका किया

ग़ैर का और आपका गर दिल नहीं है एक तो—
क्यों तेरे दिल में मेरी याद आने का चर्चा किया

क्या ख़लिश[11] थी रात दिल में आरज़ू-ए-क़त्ल[12] की
नाख़ुने-शमशीर[13] से मैं सीना खुजलाया किया

---

1. बदनाम 2. मूर्तियों के नाज़ का मरा हुआ 3. आदि दिवस 4. न निबाहने वाला 5. सोया हुआ
भाग्य 6. वचन से फिरने वाला 7. द्वार की ओर 8. उपचारक 9. अरब-स्थित मुस्लिम धर्म-स्थान
10. दहलीज़ 11. चुभन 12. अपनी हत्या होने की अच्छा 13. तलवार-रूपी नाखून से

क्या ख़जिल[1] हूँ, अब इलाजे-बेक़रारी[2] क्या करूँ
धर दिया हाथ उसने दिल पर तो भी यह धड़का किया

अर्ज़े-ईमां[3] से ज़िद[4] उस ग़ारत-गरे-दीं[5] को बढ़ी
तुझसे ऐ 'मोमिन' ख़ुदा समझे, यह तूने क्या किया

---

1. लज्जित 2. अधीरता की चिकित्सा 3. ईमान का निवेदन 4. हठ 5. दीन (धर्म) को नष्ट करने वाला (अभिप्राय 'मोमिन' से है)

47

गर ग़ैर के घर से न दिल-आराम[1] निकलता
दम काहे को यूँ ऐ दिले-नाकाम[2]! निकलता

मैं वहम[3] से मरता हूँ, वहाँ रोब[4] से उसके
क़ासिद[5] की ज़बाँ[6] से नहीं पैग़ाम निकलता

करते जो मुझे याद शबे-वस्ले-अ़दू[7] तुम
क्या सुबह[8] कि ख़ुरशीद[9] न ता-शाम[10] निकलता

जब जानते तासीर[11] कि दुश्मन भी वहाँ से
अपनी तरह ऐ गर्दिशे-अय्याम[12] निकलता

हर एक से उस बज़्म[13] में शब[14] पूछते थे नाम
था लुत्फ़ जो कोई मेरा हमनाम[15] निकलता

क्यों कामे-तलब[16] है मेरे आज़ार[17] से गर्दूं[18]
नाकाम[19] से देखा है कहीं काम निकलता

थी नौहा-ज़नी[20] दिल की जनाज़े[21] पे ज़रूरी
शायद कि वह घबराके सरे-बाम[22] निकलता

---

1. वह जिससे हृदय को आराम मिले—अर्थात् प्रेमिका 2. असफल हृदय 3. सन्देह 4. दबदबा
5. सन्देशवाहक 6. जिह्वा 7. शत्रु से मिलन की रात को 8. प्रातः 9. सूर्य 10. सन्ध्या तक 11. प्रभाव
12. दिवस-चक्र 13. महफ़िल 14. रात 15. मेरे ही नाम वाला कोई अन्य 16. किसी कार्य की
इच्छा करने वाला 17. कष्ट 18. आकाश, जो अत्याचारी माना गया है 19. निष्फल 20. अरथी
पर किया जाने वाला रुदन 21. अरथी 22. अटारी पर

काँटा-सा खटकता है कलेजे में ग़मे-हिज्र[1]
यह ख़ार[2] नहीं दिल से गुल-अन्दाम[3] निकलता

हूरें[4] नहीं 'मोमिन' के नसीबों में, जो होतीं—
बुत-ख़ाने[5] ही से क्यों यह बद-अन्जाम[6] निकलता

---

1. विरह का दुख 2. काँटा 3. पुष्प-वदना 4. स्वर्ग की सुन्दरियाँ 5. मूर्ति-स्थान 6. जिसका परिणाम बुरा हो, ऐसा व्यक्ति

48

तुम भी रहने लगे ख़फ़ा[1] साहब
कहीं साया[2] मेरा पड़ा साहब

है यह बन्दा[3] ही बे-वफ़ा[4] साहब
ग़ैर और तुम भले, भला साहब

क्यों उलझते हो जुम्बिशे-लब[5] से
ख़र है, मैंने क्या कहा साहब

क्यों लगे देने ख़त्ते-आज़ादी[6]
कुछ गुनह[7] भी गुलाम का साहब

हाय री छेड़, रात सुन-सुनके—
हाल मेरा, कहा कि—क्या साहब

दमे-आख़िर[8] भी तुम नहीं आते
बन्दगी[9] अब कि मैं चला साहब

सितम-आज़ारो-जुल्मो-जौरो-जफ़ा[10]
जो किया सो भला किया साहब

किससे बिगड़े थे, किस पे ग़ुस्सा था
रात तुम किस पे थे ख़फ़ा साहब

किसको देते थे गालियाँ लाखों
किसका शब[11] ज़िक्रे-ख़ैर[12] था साहब

नामे-इश्क़े-बुताँ न लो[13] 'मोमिन'
कीजिए बस ख़ुदा-ख़ुदा साहब

---

1. रुष्ट 2. प्रभाव 3. दास 4. न निबाहने वाला 5. अधर का हिलना 6. मुक्त करने का पत्र
7. अपराध 8. अन्त समय 9. नमस्ते 10. अत्याचार तथा कष्ट और पीड़ा आदि पहुँचाना 11. रात
12. चर्चा 13. मूर्तियों से प्रेम करने का नाम भी न लो

49

महशर[1] में पास क्यों दमे-फ़रियाद[2] आ गया
रहम[3] उसने कब किया था कि अब याद आ गया

उलझा है पांव यार का ज़ुल्फ़े-दराज़[4] में
लो आप अपने दाम[5] में सय्याद[6] आ गया

नाकामियों[7] में तुमने जो तशबीह[8] मुझ से दी
शीरीं को दर्दे-तल्ख़िए-फ़रहाद[9] आ गया

हर चारागर[10] को यूं ही पिन्हायेंगे बेड़ियां
क़ाबू[11] में गर वह अपने परीज़ाद[12] आ गया

दिल को क़लक़[13] है तर्के-मोहब्बत[14] के बाद भी
अब आस्मां को शेवाए-बेदाद[15] आ गया

वह बद-गुमां[16] हुआ जो कहीं शे'र में मेरे
ज़िक्रे-बुताने-ख़ल्ख़-ओ-नौशाद[17] आ गया

जब हो चुका यक़ीं[18] कि नहीं ताक़ते-विसाल[19]
दम में हमारे वह सितम-ईजाद[20] आ गया

ज़िक्रे-शराबो-हूर[21] कलामे-ख़ुदा[22] में देख—
'मोमिन' मैं क्या कहूं मुझे क्या याद आ गया

---

1. प्रलयोपरान्त ईश्वर के सम्मुख उपस्थित होने का दिन 2. फ़रियाद के समय 3. दया
4. लम्बी अलकें 5. जाल 6. पक्षी पकड़ने वाला, यहाँ अभिप्राय प्रेमिका से है 7. असफलताओं
8. उपमा 9. फ़रहाद की कड़वाहट का दर्द 10. उपचारक 11. अधिकार 12. अप्सरा-पुत्री 13. दुःख
14. प्रेम संबंध का परित्याग 15. अत्याचार करना 16. बुरी धारणा वाला 17. 'ख़ल्ख़' और 'नौशाद'
नामक तुर्किस्तान के दो सुन्दर नगरों की मूर्तियों का वर्णन 18. विश्वास 19. मिलन की शक्ति
20. अत्याचार करने वाला 21. शराब और स्वर्ग की सुन्दरियों का वर्णन 22. ख़ुदा की वाणी (क़ुरान)

50

वादाए-वस्लत[1] से दिल हो शाद[2] क्या
तुम-से दुश्मन की मुबारकबाद[3] क्या

कुछ क़फ़स[4] में इन दिनों लगता है जी
आशियां[5] अपना हुआ बरबाद क्या

नालए-पैहम[6] से यां[7] फ़ुर्सत नहीं
हज़रते-नासेह[8] करें इरशाद[9] क्या

हैं असीर[10] उसके वो है अपना असीर
हम न समझे सैद[11] क्या, सय्याद[12] क्या

नश्शाए-उल्फ़त[13] से भूले यार को
सच है ऐसी बे-ख़ुदी[14] में याद क्या

जब मुझे रंजे-दिल-आज़ारी[15] न हो
बे-वफ़ा[16], फिर हासिले-बेदाद[17] क्या

पांव तक पहुँची वह जुल्फ़े-ख़म-ब-ख़म[18]
सर्व[19] को अब बांधिये, आज़ाद क्या

क्या करूं अल्लाह, सब हैं बे-असर[20]
वल्वला[21] क्या, नाला क्या, फ़रियाद क्या

---

1. मिलन का वचन 2. हर्षित 3. बधाई 4. पिंजरा 5. नीड़ 6. निरन्तर विलाप 7. यहाँ 8. नसीहत करने वाले महाशय 9. कहना 10. बन्दी 11. शिकार 12. पक्षी पकड़ने वाला 13. प्रेम का नशा 14. आत्म-विस्मृति 15. हृदय के सताए जाने का दु:ख 16. न निबाहने वाला (प्रेमिका से सम्बोधन) 17. अत्याचार से क्या लाभ 18. घुमावदार अलकें 19. एक वृक्ष जो सीधा और लम्बा होता है 20. निष्प्रभाव 21. जोश

इन नसीबों पर किया अख़्तर-शनास[1]
आस्मां भी है सितम-ईजाद[2] क्या

बुत-कदा जन्नत है चलिए बे-हिरास
लब पे 'मोमिन' हर्चे-बादा-बाद[3] क्या

---

1. नक्षत्रों की पहचान रखने वाला, ज्योतिषी 2. अत्याचार करने वाला 3. जो कुछ भी हो (संशय)

51

ऐजाज़े-जां-दही[1] है हमारे कलाम[2] को
ज़िन्दा किया है हमने मसीहा[3] के नाम को

लिक्खो सलाम ग़ैर के ख़त में ग़ुलाम को
बन्दे का बस सलाम है ऐसे सलाम को

अब शोर है मिसाल जो दी उस ख़िराम[4] को
यूँ कौन जानता था क़यामत[5] के नाम को

आता है बहरे-क़त्ल[6] वो और ऐ हुजूमे-यास[7]
घबरा न जाए देख कहीं अज़दहाम[8] को

गो[9] आपने जवाब बुरा ही दिया व-ले[10]
मुझ से बयां[11] न कीजे अदू[12] के पयाम[13] को

गिरिया[14] पे मेरे ज़िन्दा-दिलो[15] हँसते क्या हो आह !
रोता हूँ अपने मैं दिले-जन्नत-मुक़ाम[16] को

सह-सह के ना-दुरुस्त[17] तेरी ख़ू[18] बिगाड़ दी
हमने ख़राब आप किया अपने काम को

जब तू चले जनाज़ाए-आशिक़[19] के साथ-साथ
फिर कौन वारिसों[20] के सुने इज़्ने-आ़म[21] को

---

1. दूसरों के लिए जीवन-दान करने का चमत्कार 2. वाणी 3. हज़रत ईसामसीह, जो मुर्दों को जीवन-दान देते थे 4. चाल, गति 5. प्रलय 6. हत्या के लिए 7. निराशाओं का जमाव 8. भीड़ 9. यद्यपि 10. किन्तु 11. वर्णन 12. शत्रु 13. सन्देश 14. रुदन 15. प्रसन्न हृदय वालो 16. वह हृदय जिसका स्थान स्वर्ग जैसा हो 17. अनुचित बातें 18. स्वभाव 19. प्रेमी की अरथी 20. उत्तराधिकारियों 21. सार्वजनिक आज्ञा (मुसलमानों में अरथी ले जाते समय मृतक के उत्तराधिकारी लोगों को सार्वजनिक आज्ञा देते हैं कि जो लोग घर जाना चाहें, वे जा सकते हैं।)

शायद कि दिन फिरे हैं किसी तीरा-रोज़[1] के
अब ग़ैर उस गली में नहीं फिरते शाम को

मुद्दत से नाम सुनते थे 'मोमिन' का, बारे[2] आज
देखा भी हमने उस शोअ़रा[3] के इमाम[4] को

---

1. दुर्भाग्य वाला 2. अब 3. कवि-गण 4. अग्रणी

52

चल परे हट मुझे न दिखला मुँह
ऐ शबे-हिज़[1], तेरा काला मुँह

आरज़ूए – नज़ारा[2] थी, तूने
इतनी ही बात पर छुपाया मुँह

दुश्मनों से बिगड़ गई तो भी
देखते ही मुझे बनाया मुँह

बात पूरी भी मुँह से निकली नहीं
आपने गालियों पे खोला मुँह

हो गया राज़े-इश्क़[3] बे-पर्दा[4]
उसने पर्दें से जो निकाला मुँह

शबे-ग़म[5] का बयान क्या कीजे
है बड़ी बात और छोटा मुँह

जब कहा यार से दिखा सूरत
हँस के बोला कि देखो अपना मुँह

किसको ख़ूने-जिगर[6] पिलायेगा
साग़रे-मय[7] को क्यों लगाया मुँह

फिर गई आँख मिस्ले-क़िब्ला-नुमा[8]
जिस तरफ़ उस सनम[9] ने फेरा मुँह

---

1. वियोग की रात 2. देखने की इच्छा 3. प्रेम का भेद 4. प्रकट 5. दुःख की रात 6. हृदय का रक्त 7. मधु-प्याला 8. कुतुब-नुमा की सूई की तरह 9. मूर्ति (प्रेमिका)

घर में बैठे थे कुछ उदास-से वो
बोले, बस देखते ही मेरा मुँह

''हम भी ग़मगीन-से[1] हैं आज, कहीं
सुबह उट्टे थे देख तेरा मुँह''

संगे-असवद[2] नहीं है चश्मे-बुतां[3]
बोसा[4] 'मोमिन' तलब करे क्या मुँह

---

1. उदास 2. काबा में रखा हुआ एक काला पत्थर जिसका मुसलमान चुम्बन लेते हैं 3. मूर्तियों की आँख 4. चुम्बन

53

सुर्मगीं-आँख[1] से क्यों तेज़ नज़र[2] करता है
कब मेरा नाला[3] तेरे दिल में असर करता है

जब वह हैरत-ज़दा[4] चेहरे पे नज़र करता है
आईना, सद-गिलाए-आईनागर[5] करता है

गर तसव्वुर[6] से हूँ हम-बज़्म[7] तो बेताब रहे
किस क़दर वह मेरे मिलने से हज़र[8] करता है

किसके हँसने का तसव्वुर है शबो-रोज़[9] कि यूँ
गुदगुदी दिल में कोई आठ पहर करता है

क्या किया दिल ने कि आँखों से कहा राज़े-निहाँ[10]
ऐसे ग़म्माज़[11] को भी कोई ख़बर करता है

इक नमक-दाँ[12] से तो लज़्ज़त न उठी ऐ क़ातिल
ज़ख़्मे-दिल[13] अर्ज़े-नमकदाने-दिगर[14] करता है

ऐश में भी तो न जागे कभी तुम, क्या जानो
कि शबे-ग़म[15] कोई किस तौर सहर[16] करता है

---

1. सुर्मा लगी आँख 2. टेढ़ी दृष्टि 3. विलाप 4. आश्चर्यचकित 5. दर्पण बनाने वाले की सैंकड़ों शिकायतें 6. कल्पना, ध्यान 7. महफ़िल में एक साथ 8. परहेज़ 9. रात-दिन 10. गुप्त रहस्य 11. चुग़लखोर 12. नमक छिड़कने वाला 13. हृदय का घाव 14. अन्य नमक छिड़कने वाले के लिए प्रार्थना 15. दुःख की रात 16. प्रातः

बख़्ो-बद[1] ने यह डराया है कि काँप उठता हूँ
तू कभी लुत्फ़[2] की बातें भी अगर करता है

सुन रखो, सीख रखो, इसको ग़ज़ल कहते हैं
'मोमिन', ऐ अहले-फ़न[3], इज़हारे-हुनर[4] करता है

---

1. दुर्भाग्य 2. कृपा 3. कलाकारो! 4. ज्ञान और कला को प्रकट करना

54

कब तक निभाइये बुते-ना-आशना[1] के साथ
कीजे वफ़ा कहाँ तलक उस बे-वफ़ा के साथ

यादे-हवाए-यार[2] ने क्या-क्या न गुल खिलाए
आई चमन से नकहते-गुल[3] जब सबा[4] के साथ

माँगा करेंगे अब से दुआ़ हिज्रे-यार[5] की
आख़िर तो दुश्मनी है असर को दुआ़ के साथ

है किसका इन्तज़ार कि ख़्वाबे-अ़दम[6] से भी
हर बार चौंक पड़ते हैं आवाज़े-पा[7] के साथ

यारब! विसाले-यार[8] में क्योंकर हो ज़िन्दगी
निकली ही जान जाती है हर-हर अदा के साथ

अल्लाह रे! सोज़े-आतिशे-ग़म[9], बादे-मर्ग[10] भी—
उठते हैं मेरी ख़ाक से शो'ले हवा के साथ

सौ ज़िन्दगी निसार करूँ ऐसी मौत पर
यूं रोए ज़ार-ज़ार तू अहले-अज़ा[11] के साथ

मरने के बाद भी वही आवारगी रही
अफ़सोस! जाँ गई नफ़से-ना-रसा[12] के साथ

---

1. वह प्रेमिका जो प्रेम न करे 2. प्रेमिका के शरीर का स्पर्श करने वाली वायु की याद 3. पुष्प-गन्ध 4. वायु 5. प्रेमिका के विरह की 6. मृत्यु की नींद 7. पदचाप 8. प्रेमिका का मिलन 9. दुखाग्नि की जलन 10. मृत्यु के बाद 11. मातम करने वाले 12. वह आह जो लक्ष्य तक न पहुँचे

दस्ते-जुनूं[1] ने मेरा गरेबाँ[2] समझ लिया
उलझा है उन-से शोख़ के बन्दे-क़बा[3] के साथ

आते ही तेरे चल दिए सब, वर्ना यास[4] का—
कैसा हुजूम था दिले-हसरत-फ़ज़ा[5] के साथ

मैं कहने से भी ख़ुश हूँ कि सब यह तो कहते हैं—
उस फ़ित्ना-गर[6] को लाग है इस मुब्तिला[7] के साथ

'मोमिन' वही ग़ज़ल पढ़ो, शब जिससे बज़्म में
आती थी लब पे जान, जह-ओ-हब्बज़ा[8] के साथ

---

1. उन्माद का हाथ 2. गले के ऊपर का वस्त्र जो उन्माद में फाड़ा जाता है 3. एक विशेष
पोशाक की गांठ 4. निराशा 5. अभिलाषा बढ़ाने वाला हृदय 6. झगड़ालू 7. ग्रसित (मोमिन)
8. बहुत ख़ूब!

55

इस वुसअ़ते-कलाम[1] से जी तंग आ गया
नासेह[2], तू मेरी जान न ले, दिल गया—गया

ज़िद से वह फिर रक़ीब[3] के घर में चला गया
ऐ रश्क[4], मेरी जान गई तेरा क्या गया

क्या पूछता है तल्ख़िए-उल्फ़त[5] में, पन्द-गो[6]
ऐसा तो लज़्ज़तें हैं कि तू जान खा गया

कुछ आँख बन्द होते ही आँखें सी खुल गईं
जी इक बलाए-जान[7] था, अच्छा हुआ गया

मेरा गला हँसी से युंही घोंटते थे वो
क्या सोचकर रक़ीब ख़ुश आया, ख़फ़ा[8] गया

आँखें जो ढूँढ़ती थीं निगह-हाए-इल्तिफ़ात[9]
गुम होना दिल का वो मेरी नज़रों से पा गया

जलती है जान, आतिशे-ख़स-पोश[10] देखकर
चिलमन से शोला-रू[11] कोई जल्वा[12] दिखा गया

ऐ जज़्बे-दिल[13] न थम कि न ठहरा वह शोला-रू
आया तो गर्म-गर्म[14] व-लेकिन[15] चला गया

---

1. वार्ता का विस्तार 2. नसीहत करने वाला 3. शत्रु 4. ईर्षा 5. प्रेम की कड़वाहट 6. नसीहत करने वाला 7. जान पर विपत्ति 8. नाराज 9. अपनी ओर ध्यान देने वाली नज़रें 10. सूखे तिनकों में छिपी अग्नि 11. अग्नि-मुखी 12. झलक 13. हृदय की भावना 14. तीव्र गति से 15. किन्तु

मुझ ख़ानमाँ-ख़राब[1] का लिक्खा[2] कि जानकर—
वह नामा[3] ग़ैर का मेरे घर में गिरा गया

बोसा[4] सनम[5] की आँख का लेते ही जान दी
'मोमिन' को याद क्या हजर-उल-असवद[6] आ गया

---

1. विपत्तिग्रस्त 2. भाग्य, लेखा 3. पत्र 4. चुम्बन 5. मूर्ति 6. काबे में रखा हुआ एक काला पत्थर जिसका मुसलमान लोग चुम्बन लेते हैं

56

हाय! फिर मरने लगा मैं लुत्फ़[1] की तक़रीर[2] से
उसका दम[3] भी कम न था हर्गिज़ दमे-शमशीर से

बज़्मे-दुश्मन से न उट्ठे वो किसी तदबीर से
मिल गए हम ख़ाक में महशर तेरी ताख़ीर[4] से

मेरे लिक्खे को मिटाया आपने, अच्छा हुआ
था शगूँ[5] ही मुद्अ़ा[6] याँ नामा[7] की तहरीर[8] से

जाए-शर्बत[9] मरते-दम भी ख़ूँ पिलाया हाय-हाय
मुँह मेरा खोला सितम-पेशा[10] ने नोके-तीर से

कब हमारे साथ सोते हैं कि देखेगा कोई
उनको बेताबी है क्यों इस ख़्वाबे-बे-ताबीर[11] से

तुम से वह करता है बातें, रश्क[12] से रोता हूँ मैं
सच कहा झड़ते हैं मोती ग़ैर की तक़रीर से

साथ सोना ग़ैर के छोड़, अब तो ऐ सीमीं-बदन[13]
ख़ाक मेरी हो गई नायाब-तर[14] अकसीर[15] से

इश्क़ उस क़ातिल का बादे-क़त्ल भी हमको रहा
है यह कैसा जुर्म जो जाता नहीं ताज़ीर[16] से

सर पटकता है क़लक़[17] में 'मोमिन'-ख़ाना-ख़राब[18]
मस्जिदें रहती नहीं, क्या फ़ायदा तामीर[19] से

---

1. दया 2. वार्ता 3. बात 4. विलम्ब 5. शगुन 6. अभिप्राय 7. पत्र 8. लिखने 9. शर्बत की बजाय
10. अत्याचारी 11. सत्य न होने वाला स्वप्न 12. ईर्षा 13. रजत-काया (प्रेमिका) 14. सहज
प्राप्त न होने वाली 15. वह धूलि जिसके लगाने से कोई भी धातु स्वर्ण बन जाती है 16. दण्ड
17. रंज 18. विपत्ति-ग्रस्त 'मोमिन' 19. निर्माण

57

राज़े-निहां[1] ज़बाने-अग़ियार[2] तक न पहुँचा
क्या एक भी हमारा ख़त यार तक न पहुँचा

अल्लाह री नातवानी[3], जब शिद्दते-क़लक़[4] में
बालीं[5] से सर उठाया, दीवार तक न पहुँचा

रोते तो रहम आता, सो उसके रू-ब-रू[6] तो
इक क़तरा ख़ूं भी चश्मे-ख़ूं-बार[7] तक न पहुँचा

आ़शिक़ से मत बयां[8] कर क़त्ले-अ़दू[9] का मुज्दा[10]
पैग़ामे-मर्ग[11] है यह, बीमार तक न पहुँचा

बे-बख़्त[12] रंगे-ख़ूबी[13] किस काम का, कि मैं तो
था गुल[14] व-ले[15] किसी की दस्तार[16] तक न पहुँचा

मुफ़्त अव्वले-सुख़न[17] में आ़शिक़ ने जान देदी
क़ासिद[18] तेरा बयाने-इक़रार[19] तक न पहुँचा

बख़्ते-रसा[20] अ़दू[21] का, जो चाहे सो कहे अब
इक बार यार मुझ तक, मैं यार तक न पहुँचा

ग़ैरों से उसने हर्गिज़ छोड़ी न हाथा-पाई
जब तक अजल[22] का सदमा दो-चार तक न पहुँचा

'मोमिन' उसी ने मुझसे दी बरतरी[23] किसी को
जो पस्त-फ़ह्म[24] मेरे अशआ़र[25] तक न पहुँचा

---

1. छिपा हुआ रहस्य 2. गैरों की जिह्वा 3. दुर्बलता 4. रंज की तीव्रता 5. तकिया 6. समक्ष
7. रक्त वर्षा करने वाली आँख 8. वर्णन 9. शत्रु की हत्या 10. हर्ष-समाचार 11. मृत्यु
का सन्देश 12. बिना भाग्य के 13. रंग की सुन्दरता 14. पुष्प 15. किन्तु 16. पगड़ी 17. प्रथम बात
पर 18. सन्देशवाहक 19. प्रेमिका द्वारा अपने आने का वचन देने का वर्णन 20. लक्ष्य तक पहुँचने
वाला भाग्य 21. शत्रु 22. मृत्यु 23. श्रेष्ठता 24. अल्प बुद्धि वाला 25. 'शे'र' का बहुवचन

58

हाँ, तू क्योंकर न करे तर्के-बुताँ[1], ऐ वाएज़[2]!
ऐसी हूरें तेरी क़िस्मत में कहाँ, ऐ वाएज़!

मुन्तज़िर[3] ही किसी बुत[4] का तू नहीं तो क्यों है—
मज्लिसे-वाज़[5] में हरसू-निगराँ[6], ऐ वाएज़!

अब ज़रा जाँ-दहि-ए-कूए-बुताँ[7] की बातें
हो चुका तज़्कराए-बाग़े-जनाँ[8], ऐ वाएज़!

सच है, काफ़िर तेरी तक़रीर[9] से क्योंकर न जलें
शोलाए-आतिशे-दोज़ाख़[10] है ज़बाँ, ऐ वाएज़!

हूर[11] की मदह[12] में क्या तर्के-सनम[13] का मज़्कूर[14]
यही बातें हैं मेरे दिल पे गराँ[15], ऐ वाएज़!

डर मेरी आह से ज़ालिम न जला जी, कि नहीं—
यह जहन्नुम से तो कम शो'ला-फ़शाँ[16], ऐ वाएज़!

अहले-जन्नत[17] से करो दिलबरीए-हूर[18] का ज़िक्र
ऐसी बातें कोई सुनता नहीं याँ[19], ऐ वाएज़!

---

1. मूर्तियों का परित्याग 2. मुस्लिम धर्मोपदेशक 3. प्रतीक्षा करने वाला 4. मूर्ति (प्रेमिका) 5. वह सभा जहाँ मूर्ति-पूजा के विरुद्ध धर्मोपदेश हो 6. हर तरफ़ देखने वाला 7. मूर्तियों की गली में जान देने की बातें 8. स्वर्ग की वाटिका की चर्चा 9. भाषण 10. नरक की आग की लपट 11. स्वर्ग में रहने वाली अप्सरा 12. तारीफ़ 13. मूर्ति (प्रेमिका) का परित्याग 14. वर्णन 15. भारी 16. लपटें उठाने वाली 17. स्वर्ग वालों 18. हूरों द्वारा मन को मोहना 19. यहाँ

जो मिलें तुझसे ब-सद-शौक़[1] वो क्या होंगी न कर—
बस मेरे सामने हूरों का बयाँ, ऐ वाएज़!

कैसे आराम पसे-मर्ग[2], मगर काफ़िर तू—
अहले-इस्लाम[3] का है दुश्मने-जाँ[4], ऐ वाएज़!

शर्म की बात नहीं है यह, असर हो क्योंकर—
न मैं 'मोमिन'[5] हूँ, न तू पीरे-मुग़ाँ[6], ऐ! वाएज़

---

1. स्वेच्छा से, लालसा के साथ 2. मृत्यु के बाद 3. मुसलमानों 4. जान का शत्रु 5. पवित्र परहेज़गार
6. शराबियों का मुखिया जो शराब पिलवाए

59

यह क़ुदरत[1] ज़ोफ़[2] में भी है फ़ुग़ां[3] को
कि दे पटके ज़मीं पर आस्माँ को

वफ़ा[4] सिखला रहेगा दिल हमारा
तुम्हारी ख़ातिरे-ना-मेहरबां[5] को

पड़ी है उस गली में लाशे-दुश्मन[6]
उठाऊँ क्योंकर इस बारे-गरां[7] को

कहां है ताबे-नाज़े-बर्क़[8], ऐ काश!
जलादे आतिशे-गुल[9] आशियां[10] को

पसीने की जगह आने लगा ख़ूं
छुपाऊँ किस तरह ज़ख़्मे-निहां[11] को

समझता क्योंकि दीवाने की बातें
न पाया महरम[12] अपने राज़दां[13] को

अ़दू[14] के घर में है तस्वीरे-शीरीं[15]
दिखाऊँ किस तरह उस बद-गुमां[16] को

हमारा ग़श[17] तो क्या, मर जायें तो भी—
न खोले तुर्रा-ए-अंबर-फ़िशां[18] को

---

1. शक्ति 2. दुर्बलता 3. आह 4. निबाहना 5. कृपा न करने वाली तबियत 6. शत्रु की लाश
7. भारी बोझ 8. विद्युत के अभिमान को देखने की शक्ति 9. पुष्प की लाली जो अग्नि की भाँति है
10. घोंसला 11. छिपा हुआ घाव 12. भेद को छिपाने वाला 13. भेद जानने वाला 14. शत्रु 15. शीरीं
की तस्वीर 16. सन्देह करने वाला 17. मूर्च्छा 18. अंबर (सुगन्ध विशेष) बिखेरने वाली अलकें

दिया उस बदगुमां को ताना-ए-ग़ैर[1]
ग़ज़ब है, क्या कहूँ अपनी ज़बां को

दिले-मुज़तर[2] की बेताबी ने मारा
कहां से लाऊँ उस आराम-जां[3] को

सुन ऐ 'मोमिन' यह ईमां[4] है हमारा
न कहना कुफ़्र[5] फिर इश्के-बुतां[6] को

---

1. ग़ैर के प्रति आसक्त होने का उलाहना 2. अधीर हृदय 3. जान को आराम देने वाली 4. ईमान
5. सत्य से हटा हुआ 6. मूर्ति-प्रेम

60

ठानी थी दिल में अब न मिलेंगे किसी से हम
पर क्या करें कि हो गए नाचार[1] जी से हम

हँसते जो देखते हैं किसी को किसी से हम
मुँह देख-देख रोते हैं किस बे-कसी से हम

हम से न बोलो तुम, इसे क्या कहते हैं भला
इन्साफ़ कीजे पूछते हैं आप ही से हम

उस कू[2] में जा मरेंगे, मदद ऐ हुजूमे-शौक़[3]—
आज और ज़ोर करते हैं बे-ताक़ती[4] से हम

साहब ने इस ग़ुलाम को आज़ाद कर दिया
लो बन्दगी कि छूट गए बन्दगी[5] से हम

बे-रोये मिस्ले-अब्र[6] न निकला ग़ुबारे-दिल[7]
कहते थे उनको बर्क़े-तबस्सुम[8] हँसी से हम

इन नातवानियों[9] पे भी थे ख़ारे-राहे-ग़ैर[10]
क्योंकर निकाले जाते न उसकी गली से हम

मुँह देखने से पहले भी किस दिन वह साफ़ थे
बे-वजह क्यों ग़ुबार रखें आरसी से हम

है छेड़े-इख़्तलात[11] भी ग़ैरों के सामने
हँसने के बदले रोयें न क्यों गुदगुदी से हम

ले नाम आरज़ू[12] का, तो दिल को निकाल दें
'मोमिन' न हों, जो रब्त[13] रखें बदअ़ती[14] से हम

---

1. विवश 2. गली 3. प्रेम की भावनाओं का जमघट 4. शक्तिहीनता 5. दासता 6. बादलों की भाँति 7. हृदय का क्रोध 8. मुस्कान की विद्युत 9. क्षीणताओं 10. ग़ैर के मार्ग में कण्टक 11. मित्रता की छेड़ 12. इच्छा 13. मेल 14. वह जो (धर्म में) नई बात निकाले—दिल को बदअती इसलिए कहा है कि मोमिन के निकट इच्छा नई बात है

61

हाँ! मान कहा, बेच बूए-ज़ुल्फ़े-दुता[1] क़र्ज़[2]
जान अब तो नहीं, हश्र[3] के दिन देंगे सबा[4], क़र्ज़

समझोगे क़यामत[5] में सितम-पेशा[6], दमे-क़त्ल[7]—
देखा न इधर तूने, रहा ख़ून-बहा[8] क़र्ज़

क्योंकर दे फ़लक[9] वाम[10] अ़दू[11] को दिरमे-दाग़[12]
मुफ़लिस[13] को जहाँ में कोई देता है भला क़र्ज़

गर कहिए कि क्यों लेते हो तुम दिल को तो वह शोख़[14]
किस नाज़ से कहता है कि युँही[15] देते हो या क़र्ज़

कुछ देने का भी देखले ऐ आह, ठिकाना
किस बूते पे लेती है तू तासीरे-दुआ[16] क़र्ज़

इफ़लास[17] से खाया किए ग़म सब्ज़-खतों[18] का
अ़फ़सोस कहीं ज़हर भी हम को न मिला क़र्ज़

गिन-गिन के मुझे दाग़ फ़लक ने दिए, गोया[19]
आता था यह उस पर ज़रे-नायाब[20] मेरा क़र्ज़

आमद[21] से फ़ज़ूँ[22] ख़र्च है, ऐ शोरे-मोहब्बत[23]
बख़ियों[24] का मेरे ज़ख़्म से क्योंकर हो अदा क़र्ज़

हम क़र्ज़ यह दिल नक़्द उसे देते हैं 'मोमिन'
जिसने न कभी आज तलक लेके दिया क़र्ज़

---

1. दोहरी अलकों की गन्ध 2. उधार 3. प्रलय 4. प्रभात-समीर 5. प्रलय 6. अत्याचारी 7. हत्या करते समय 8. रक्त का मूल्य 9. आकाश 10. ऋण 11. शत्रु 12. दाग़ के सिक्के 13. निर्धन 14. चंचला 15. मुफ्त 16. प्रार्थना का प्रभाव 17. निर्धनता 18. वे युवतियाँ जिनके चेहरे पर यौवनावस्था में हल्का-हल्का रुआँ निकल आता है 19. जैसे 20. अनमोल निधि 21. आमदनी 22. अधिक 23. प्रेम के कोलाहल 24. टाँकी लगाना

62

दिल में उस शोख़[1] ने जो राह न की
हमने भी जान दी पर आह न की

तिश्ना-लब[2] ऐसे हम गिरे मय[3] पर
कि कभी सैरे-ईदगाह[4] न की

उसको दुश्मन से क्या बचाए चर्ख़[5]
जिसने तदबीरे-ख़स्फ़े-माह[6] न की

कौन ऐसा कि उससे पूछे, क्यों—
पुर्सिशे-हाले-दाद-ख़्वाह[7] न की

था बहुत शौक़े-वस्ल[8], तूने तो
कमी ऐ हुस्ने-ताब-काह[9] न की

इश्क़ में काम कुछ नहीं आता
गर न की हिर्से-मालो-जाह[10], न की

मैं भी कुछ ख़ुश नहीं वफ़ा करके
तुमने अच्छा किया निबाह न की

मोहतसिब[11], यह सितम ग़रीबों पर
कभी तस्बीहे-बादशाह[12] न की

---

1. चंचला 2. प्यासे अधरों से 3. मदिरा 4. ईद की नमाज़ पढ़ी जाने वाली जगह की सैर
5. आकाश 6. चन्द्रमा को ग्रहण लगने से बचाने का उपाय 7. न्याय के इच्छुक व्यक्ति का हाल पूछना
8. मिलन की लालसा 9. शक्ति क्षीण करने वाले सौन्दर्य 10. सम्मान और सम्पत्ति की इच्छा
11. मदिरालय का स्वामी 12. बादशाह को चेतावनी

गिरिया-ओ आह[1] बे-असर दोनों
किसने किश्ती मेरी तबाह न की

था मुक़द्दर में उससे कल मिलना
क्यों मुलाक़ात गाह-गाह[2] न की

देख दुश्मन को उठ गया बे-दीद[3]
मेरे अहवाल[4] पर निगाह न की

'मोमिन' इस ज़हने-बे-ख़ता[5] पर है फ़[6]
फ़िक्रे-आमरज़िशे-गुनाह[7]   न की

---

1. आह और रोना 2. यदा-कदा 3. बिना देखे 4. स्थिति 5. वह बुद्धि जो त्रुटि न करे 6. अफ़सोस
7. अपराध क्षमा किए जाने की

63

दर-बदर[1] नासिया-फ़र्साई[2] से क्या होता है
वो ही होता है जो क़िस्मत में लिखा होता है

इक नज़र देखे से सर तन से जुदा होता है
बे-जगह आँख लड़ी देखिए क्या होता है

चश्मे-ख़ूं-बार[3] मेरी आपने तलवों से मली
वर्ना ऐसा भी कहीं रंगे-हिना[4] होता है

जाँ-ब-लब[5] हूँ, ख़बरे-वस्ल[6] सुना दे क़ासिद[7]
लब हिलाने से तेरे काम मेरा होता है

होके आजुर्दा[8] पशेमाँ[9] हूँ कि मैं जिससे कहूं—
वो ही कहवे, कोई ऐसे से ख़फ़ा होता है

दिल दिया जिसने वो नाकाम[10] रहा ता-दमे-ज़ीस्त[11]
फ़िल-हक़ीक़त[12] कि बुरा काम बुरा होता है

ज़हर-नोशे-ग़मे-शीरीं[13] ने कहा ख़ुसरो[14] से
तल्ख़िए-मर्ग[15] में शक्कर का मज़ा होता है

वाक़ई सिज्दा-ए-दर[16] ऐसी ही तक़सीर[17] है अब
जौर[18] जो बन्दे[19] पे होता है बजा होता है

---

1. द्वार-द्वार 2. माथा घिसना 3. रक्त-पूर्ण नेत्र 4. मेहंदी का रंग 5. वह स्थिति जब प्राण अधरों पर आ जायें 6. मिलन का समाचार 7. सन्देशवाहक 8. शोकाकुल 9. लज्जित 10. असफल 11. जीवनपर्यन्त 12. यथार्थ में 13. शीरीं के दुख का विषपान करने वाला—फ़रहाद 14. एक बादशाह जिसने शीरीं से विवाह कर लिया था 15. मृत्यु की कड़वाहट 16. द्वार पर किया जाने वाला सिज्दा (शीश नवाना) 17. अपराध 18. अत्याचार 19. सेवक

ऐ दिल, आ जाने दे उस जुल्फ़े-मुसल्सल[1] का ख़याल
जान कर कोई गिरफ़्तारे-बला[2] होता है

हो न बेताब ग़मे-हिज्रे-बुतां[3] में 'मोमिन'
देख दो दिन में बस अब फ़ज़्ले-ख़ुदा[4] होता है

---

1. दीर्घ अलकें 2. विपत्ति का बन्दी 3. प्रेमिका (मूर्तियों) के विरह का दु:ख 4. खुदा की कृपा

64

यूँ है शुआए-दाग़[1] मेरे दिल के आस-पास
हाला[2] हो जिस तरह महे-कामिल[3] के आस-पास

डूबा जो कोई आह! किनारे पे आ गया
तुग़ियाने-बहरे-इश्क़[4] है, साहिल[5] के आस-पास

यह ग़ैरते-वफ़ा[6] का असर है कि बुलहविस[7]
बिस्मिल[8] तड़पते हैं तेरे बिस्मिल के आस-पास

क्या दावा आह! जब न रहा मैं ही, किसलिए—
हैं जमअ़[9] अक़रबा[10] मेरे क़ातिल[11] के आस-पास

ऐ क़ैस[12], तेरे नाले[13] की ग़ैरत को क्या हुआ
लैला ने जंग[14] बाँधे हैं महमिल[15] के आस-पास

मर जाये ता-ख़ुशी[16] से अ़दू[17], सुन विसाल[18] की—
यारो, दुअ़ा करो गले मिल-मिल के आस-पास

क्या-क्या जली है बज़्म[19] में तुझसे, न जब फिरे
परवाने, शम्मअ़-शोला-शमायल[20] के आस-पास

---

1. दाग़ की किरणें 2. कुण्डल 3. पूर्ण चन्द्र 4. प्रेम-सागर में आने वाला तूफ़ान 5. तट 6. निबाहने की हया 7. वह व्यक्ति जो प्रेमिका को प्रेम-भावना के स्थान पर कामुक दृष्टि से प्यार करे 8. घायल 9. एकत्रित 10. सगे-सम्बन्धी 11. हत्यारे 12. मजनूं 13. विलाप 14. घंटियाँ 15. ऊँट पर लगा हुआ वह पर्दा जिसकी ओट में लैला बैठती थी 16. हर्ष के कारण 17. शत्रु 18. मिलन 19. महफ़िल 20. लपट की-सी सूरत वाली मोमबत्ती

है तू ही बे-वफ़ा[1], नहीं बावर[2], तो देख ले—
गुल[3] जामादर[4] हैं गोरे-अ़नादिल[5] के आस-पास

काफ़िर है कौन हम में से 'मोमिन', फिरे है तू
काबे के आस-पास, तो मैं दिल के आस-पास

---

1. न निबाहने वाली 2. विश्वास 3. पुष्प 4. वस्त्र फाड़े हुए अर्थात् पंखड़ी बिखरे हुए 5. बुलबुल की क़ब्र

65

तसल्ली, दमे-वापसीं[1] हो चुकी
हमीं हो चुके, जब नहीं हो चुकी

बुला इस सियाह-रोज़[2] को बज़्म[3] में
शबे-ऐश[4] ऐ मह-जबीं[5] हो चुकी

यहाँ दम नहीं, शौक़ से क़त्ल कर
मेरे ख़ूं से तर आस्तीं हो चुकी

मेरी ताज़ियत[6] में न ला ग़ैर को
कहाँ तक सितम-पेशा[7], कीं[8] हो चुकी

कहो मर्ग[9] से हाँ नवाज़िश[10] करे
कि उससे ज़ियादह[11] नहीं हो चुकी

वह हम-दोश[12] होगा भी तो ग़ैर से
मेरी क़िस्मत ऐ शाना-बीं[13], हो चुकी

अब अग़ियार[14] से हाथा-पाई है क्यों
नज़ाकत बस ऐ नाज़नीं[15], हो चुकी

ख़याले-अजल[16] से तसल्ली करूँ
यह ताक़त भी जाने-हज़ीं[17] हो चुकी

---

1. अन्त समय 2. दुर्भाग्य वाला 3. महफ़िल 4. विलास की रात 5. वह जिसका माथा चन्द्रमा जैसा हो (प्रेमिका) 6. मृतक के सम्बन्धियों से संवेदना प्रकट करने के समय 7. अत्याचारी (प्रेमिका) 8. द्वेष 9. मृत्यु 10. कृपा 11. अधिक 12. कंधे से कंधा मिलाने वाला 13. ज्योतिषी 14. ग़ैर का बहुवचन 15. अभिमान और नखरे वाली 16. मृत्यु का विचार 17. रंज से भरी हुई जान

सवाबत[1] हैं सय्यार[2] मिस्ले-शरर[3]
मेरी आह कुर्सी-नशीं[4] हो चुका

जुनूँ[5] में भला कोई क्या ख़ाक उड़ाए
कि इक जोश ही में ज़मीं[6] हो चुकी

कमीं[7] में है 'मोमिन' वह काफ़िर सनम[8]
बस अब पासबानी-ए-दीं[9] हो चुकी

---

1. अचल नक्षत्र 2. घूमने वाले नक्षत्र 3. चिंगारी की भांति 4. लक्ष्य तक पहुँचने वाली 5. उन्माद
6. भूमिसात 7. घात 8. मूर्ति (प्रेमिका) 9. धर्म की सुरक्षा

66

है दिल में ग़ुबार[1] उसके घर अपना न करेंगे
हम ख़ाक में मिलने की तमन्ना न करेंगे

ग़ैरों से शकर-लब[2], सुख़ने-तल्ख़[3] भी तेरा
हरचन्द हलाहल हो, गवारा न करेंगे

बीमारे-अजलचारा[4] को गर हज़रते-ईसा[5]
अच्छा भी करेंगे तो कुछ अच्छा न करेंगे

झुंझलाते हो क्यों दीजिए इक बोसा दहन[6] का
हो जायेंगे लब[7] बन्द तो ग़ोग़ा[8] न करेंगे

उस कू में ठहरने न दिया जोशे-क़लक़[9] ने
अग़ियार से हम शिक्वाए-बेजा[10] न करेंगे

दीवार के गिर पड़ते ही उठने लगे तूफ़ाँ
अब बैठ के कोने में भी रोया न करेंगे

गर ज़िक्रे-वफ़ा[11] से यही ग़ुस्सा है तो अब से
गो[12] क़त्ल का वादा हो तक़ाज़ा न करेंगे

नासेह[13] कफे-अफ़सोस[14] न मल, चल, तुझे क्या काम
पामाल[15] करेंगे वो मुझे या न करेंगे

---

1. धूल, मैल 2. मृदुभाषी (प्रेमिका को सम्बोधन) 3. कटु वार्ता 4. वह रोगी जिसका उपचार केवल मृत्यु हो 5. ईसामसीह जो बीमारों और मरे हुए लोगों को जीवन-दान देते थे 6. मुख 7. अधर 8. शोर 9. अधीर की उग्रता 10. अनुचित शिकायत 11. निबाह करने की चर्चा 12. चाहे 13. नसीहत करने वाला 14. अफ़सोस के हाथ 15. पददलित

गर सामने उसके भी गिरे अश्क[1] तो दिल से
क्यों रोज़े-जज़ा[2] ख़ून का दावा न करेंगे

हँस-हँस के वो मुझसे ही मेरे क़त्ल की बातें
इस तरह से करते हैं कि गोया न करेंगे

'मोमिन' वो ग़ज़ल कहते हैं अब जिससे यह मज़मूँ[3]
खुल जाए कि तर्के-दरे-बुतख़ाना[4] करेंगे

---

1. अश्रु 2. वह दिन जब ईश्वर के समक्ष अच्छे-बुरे कर्मों का फल प्राप्त होगा 3. विषय 4. मूर्ति-स्थान के द्वार का परित्याग

67

है निगाहे-लुत्फ़[1] दुश्मन पर, तो बन्दा जाए है
यह सितम ऐ बे-मुरौवत[2], किससे देखा जाए है

सामने से जब वह शोख़े-दिलरुबा[3] आ जाए है
थामता हूँ पर यह दिल हाथों से निकला जाए है

हाले-दिल[4] क्योंकर कहूँ मैं, किससे बोला जाए है
सिर उठे बालीं[5] से क्या कुछ, जी ही बैठा जाए है

जां न खा, वस्ले-अ़दू[6] सच ही सही, पर क्या करूँ
जब गिला[7] करता हूँ हमदम[8], वह क़सम खा जाए है

रश्के-दुश्मन[9] ने बना दी जान पर ऐ बे-वफ़ा
कब तलक कोई न बिगड़े, हाल बिगड़ा जाए है

ग़ैर के हमराह वह आता है, मैं हैरान हूँ
किसके इस्तक़बाल[10] को जी तन से मेरा जाए है

ताबो-ताक़त, सब्रो-राहत, जानो-ईमां, अक़्लो-होश
हाय क्या कहिए, कि दिल के साथ क्या-क्या जाए है

ख़ाक में मिल जाए यारब[11] बेकसी की आबरू
ग़ैर मेरी नाश[12] के हमराह रोता जाए है

---

1. कृपा-दृष्टि 2. प्रेमिका को सम्बोधन 3. मन-मोहिनी चंचला 4. हृदय का हाल 5. तकिया
6. शत्रु से मिलन 7. शिकायत 8. साथी 9. शत्रु के प्रति ईर्षा 10. स्वागत 11. हे ईश्वर! 12. लाश

अब तो मर जाना भी मुश्किल है तेरे बीमार को
जो 'ज़'फ़[1] के बाइस[2] कहां दुनिया से उट्ठा जाए है

पन्द-गो[3], अब तू ही फ़रमा[4] किसको सौदा[5] है, यह कौन
और की सुनता नहीं, अपनी ही बकता जाए है

देखिए अन्जाम[6] क्या हो, 'मोमिने'-सूरत-परस्त[7]
शेख़े-सनआं[8] की तरह सूए-कलीसा[9] जाए है

---

1. दुर्बलता 2. कारण 3. नसीहत करने वाला 4. कह 5. पागलपन 6. परिणाम 7. चित्र-पूजक
'मोमिन' 8. एक मुसलमान बुज़ुर्ग जो हज की यात्रा के समय प्रेम के वशीभूत होकर ईसाइयों
के धर्म में प्रवेश कर गए थे 9. कैथोलिक चर्च, जहाँ ईसा के चित्र की पूजा होती है, की ओर

शे'र

उस सितम-पेशा[1] ने यह अपने नसीबों का लिखा
ख़त भी लिक्खा तो सलाम उसमें रक़ीबों[2] का लिखा

जूड़ा खुला तो ज़ुल्फ़े-सियाह-फ़ाम[3] में फंसा
छूटा था दिल क़फ़स[4] से, सो फिर दाम[5] में फंसा

न क्योंकर देख मुझको रंग बदले उस परी-रू[6] का
पलटना उन निगाहों का उलट जाना है जादू का

जां-बाज़[7] 'मोमिन' उसने दिया ग़ैर को ख़िताब
हम जान पर भी खेले पै[8] नाम और का हुआ

थे हमें 'मोमिन' की ख़ुद्दारी[9] पे क्या-क्या ए'तमाद[10]
क्या ख़बर थी यह कि यूँ महवे-बुतां[11] हो जाएगा

तुम्हें मिलना था दुश्मन से तो मिलते
व-ले[12] यक-चन्द[13] तरसाया तो होता

---

1. अत्याचारी 2. शत्रुओं 3. काली-काली अलकें 4. पिंजरा 5. जाल 6. अप्सरा जैसे मुख वाली
7. जान पर खेलने वाला 8.किन्तु 9. स्वाभिमान 10. भरोसा 11. मूर्तियों में लीन 12. किन्तु
13. तनिक-सा

मैं तो दीवाना हूँ 'मोमिन' का कि है उस शख़्स को
इस क़दर वहशी-मिज़ाजी[1] पर भी इक आलम से रब्त[2]

चखते हैं शोरे-मोहब्बत[3] का मज़ा लज़्ज़त-नसीब[4]
तुझसे ऐ नासेह[5], कहे क्या कोई ग़म खाने का हज़[6]

ख़ुश न क्योंकर हूँ मैं काफ़िर को मुसलमां करके
'मोमिन' उस बुत ने दिलाई मुझे ईमां[7] की क़सम

मज़मूने-बिस्मिल[8] उनके कहूँ क्या इताब[9] में
क़ासिद[10] की लाश आई है ख़त के जवाब में

दस्ते-जुनूं के जाइए सद्क़े कि चैन से
फैलाए पांव हमने गरेबाँ के चाक में

मेरी तुर्बत पे क्या है काम शमअ़-ओ-गुल का ऐ यारो!
यहाँ परवाना-ओ-बुलबुल के इक दो-चार पर रक्खो

---

1. जंगली, असभ्य मन:स्थिति 2. मेल-जोल 3. प्रेम का नमक (सौन्दर्य) 4. जिनके भाग्य
में स्वाद लेना हो 5. नसीहत करने वाला 6. आनन्द 7. ईमान-धर्म 8. घायल करने का विषय
9. रोष 10. सन्देशवाहक

यारो! किसी सूरत से तो अहवाल[1] जता दो
दरवाज़े पर उसके मेरी तस्वीर लगा दो

मैं तो बोला ही नहीं किसने किया है शिक्वा[2]
झूठ तूफ़ां न उठा, ख़ैर है! बरहम[3] मत हो

गिरियाए-शब[4] ने भिगोया है अब ऐ आहे-सहर[5]
तेरी गर्मी से जो बिस्तर न जले, ख़ुश्क तो हो

चाक कर[6] खोल दिया गर्चे यह सीना मैंने
तो भी दिल की न गिरह, नाख़ुने-शमशीर[7]! खुली

जुम्बिश[8] न दीजे, अबरुए-ख़ुश-ख़म[9] को देखिए
तेग़े-सितम[10] को देखिए और हमको देखिए

देखा है ख़्वाब में यह किस आरामे-जां[11] को हाय!
ग़श[12] पहरों आप जान के रहते हैं हम पड़े

❑❑❑

---

1. हालत 2. शिकायत 3. क्रुद्ध 4. रात का रोना 5. प्रातःकालीन आह 6. फाड़कर 7. तलवार के नाख़ून 8. हिलना 9. सुन्दर मुड़ी हुई भ्रू 10. अत्याचार की तलवार 11. जान को आराम पहुँचाने वाली 12. मूर्च्छित

राजपाल एण्ड सन्ज़ की स्थापना एक शताब्दी पूर्व 1912 में लाहौर में हुई थी। आरम्भिक दिनों में अधिकतर धार्मिक, सामाजिक और देश-प्रेम की पुस्तकें प्रकाशित होती थीं और हिन्दी के अतिरिक्त अंग्रेज़ी, उर्दू व पंजाबी भाषा में भी पुस्तकें प्रकाशित की जाती थीं।

1947 में भारत-विभाजन के बाद राजपाल एण्ड सन्ज़ को नए सिरे से दिल्ली में स्थापित किया गया और साहित्यिक पुस्तकों के प्रकाशन का आरम्भ हुआ। रामधारी सिंह दिनकर, महादेवी वर्मा, बच्चन, अज्ञेय, शिवानी, आचार्य चतुरसेन, विष्णु प्रभाकर, राजेन्द्र यादव, मोहन राकेश, रांगेय राघव, कमलेश्वर और अन्य साहित्यिक लेखकों की कृतियाँ यहाँ से प्रकाशित होने लगीं। राजपाल एण्ड सन्ज़ से प्रकाशित *मधुशाला, कुरुक्षेत्र, मानस का हंस, आवारा मसीहा, कितने पाकिस्तान, आषाढ़ का एक दिन* जैसी पुस्तकें हिन्दी साहित्य की 'क्लासिक पुस्तकें' मानी जाती हैं और आज भी लोकप्रियता के शिखर पर हैं। भारत के राष्ट्रपतियों और प्रधानमंत्रियों की पुस्तकें प्रकाशित करने का गौरव भी राजपाल एण्ड सन्ज़ को प्राप्त है। नोबेल पुरस्कार से सम्मानित अर्थशास्त्री डॉ. अमर्त्य सेन की सभी पुस्तकों के हिन्दी अनुवाद यहाँ से प्रकाशित हैं। अन्तरराष्ट्रीय चर्चित पुस्तकों के अनुवाद, विश्वविख्यात कोशकार डॉ. हरदेव बाहरी द्वारा सम्पादित 'राजपाल' शब्दकोशों की शृंखला और किशोरों के लिए सैकड़ों पुस्तकें राजपाल एण्ड सन्ज़ से प्रकाशित हुई हैं।

पाठकों के स्वस्थ और सुरुचिपूर्ण मनोरंजन और ज्ञानवर्धन के लिए समर्पित राजपाल एण्ड सन्ज़ से हिन्दी और अंग्रेज़ी में पुस्तकें प्रकाशित होती हैं जो देश के सभी बड़े पुस्तक-विक्रेताओं और विश्व भर के ऑनलाइन विक्रेताओं के यहाँ उपलब्ध हैं।

राजपाल एण्ड सन्ज़

1590 मदरसा रोड, कश्मीरी गेट, दिल्ली-6, फोन: 011-23869812, 23865483
email: sales@rajpalpublishing.com, facebook: facebook.com/rajpalandsons
website: www.rajpalpublishing.com

शृखला की पुस्तक

- मीर तक़ी 'मी
- ज़ौक़
- जिगर
- मजाज़
- इक़बाल
- ग़ालिब
- फ़ैज़
- क़तील शिफ़ाइ
- अख़्तर शीरानी
- सरदार जाफ़री
- जोश मलीहाब
- फ़िराक़ गोरख
- मजरूह सुलता
- साहिर लुधिया
- नज़ीर अकबर
- दाग़
- मीराजी

शायरी की अब चचित पुस्तक

पाकिस्तान की शायरी

हिन्दुस्तानी ग़ज़लें

ये मेरी ग़ज़लें ये मेरी नज़्में

ख़ा

बशीर बद्र

कृष्ण बिहारी 'नूर'

अहमद फ़राज़

कैफ़ी

शहरयार

निदा फ़ाज़ली

अमीर क

सभी पुस्तक विक्रेताओं और सभी
प्रमुख वेबसाइट पर उपलब्ध
www.rajpalpublishing.com